Edith Salburg

Der Kronanwalt - Charakterbild in einem Vorspiel und drei Aufzügen

Edith Salburg

Der Kronanwalt - Charakterbild in einem Vorspiel und drei Aufzügen

ISBN/EAN: 9783743483231

Hergestellt in Europa, USA, Kanada, Australien, Japan

Cover: Foto ©Thomas Meinert / pixelio.de

Manufactured and distributed by brebook publishing software (www.brebook.com)

Edith Salburg

Der Kronanwalt - Charakterbild in einem Vorspiel und drei Aufzügen

Der Kronanwalt.

Charakterbild in einem Vorspiel und drei Aufzügen

von

E. Salburg.

Den Bühnen gegenüber als Manuscript gedruckt.

Alle Rechte vorbehalten.

Aufgeführt zum ersten Male am 9. Jänner 1889 im Theater zu Graz.

Zweite verbesserte Auflage.

Graz, 1889.

Commissions-Verlag Franz Pechel.

Personen:

Lord **Burleigh**, Schatzmeister der Königin Elisabeth.
Robert Cecil, sein Sohn.
Francis Bacon, sein Neffe.
Lord **Essex**.
Lord **Southampton**
Sir **Walter Mildmay**
Sir **Andrew Walsingham** } Mitglieder des Obersten Gerichtshofes.
Sir **Nichol Norton**
Sir **Edward Coke**, Vorsitzender.
Harriet, Burleighs Nichte.
Garrik, Burleighs Diener.
Lady **Killigrew**, Harriets Mutter (stumme Person).

Die acht Richter des Gerichtshofes, Diener, Lords, Gentlemen, Parlaments-Mitglieder, Bittsteller.

Ort der Handlung: London. Zeit im Vorspiel: 1594, im Stück: 1601.

Vorspiel.

London,

Lord Burleighs Palast, sein Schreibzimmer, eine Mittelthür und Seitenausgänge; mehrere Leute hohen und niederen Standes, mit Schriften in der Hand, stehen und sitzen umher. Am Fenster rechts zu den Stufen hinaufführend, lehnt Francis Bacon, in einfacher Tracht aus schwarzem Sammt ohne Hut, den Blick düster auf die gegenüberliegende Thüre gerichtet, die in Burleighs Zimmer führt.

Erster Auftritt.

(Bittsteller, Bacon am Fenster, Garrik der Diener, ein alter Mann mit mürrischem Gesicht öffnet die Thüre links und tritt ein; zu den Anwesenden mit einer Verbeugung):

Garrik.

Im Namen meines Herrn, Mylords von Burleigh,
Grüß' ich Euch, Gentlemen, Euch gute Leute.
Wie sehr bedauert nicht der edle Lord,
Daß er verhindert, selbst Euch zu begrüßen,
Daß heut' es ihm unmöglich, Euch zu seh'n.
Doch nicht umsonst sollt Ihr gekommen sein,
Gebt mir die Schriften, Euere Wünsche kündend,
Es prüft der Earl sie selbst.

Ein Gentleman.

     Das sechstemal
Nun komm' ich her seit kurzen vierzehn Tagen,
Doch nie war der Schatzmeister noch zu seh'n.

Garrik.

Mylord ist mit Geschäften überhäuft.
Ich bitt' Euch, geht, sorgt nicht um Eure Schriften.
Hier sind sie sicher ja und gut verwahrt.

(Während er die Anwesenden bei der Thüre verabschiedet, kommt Bacon, der athemlos zugehört, in den Vordergrund.)

Bacon (mit schneidendem Hohn).

Sehr gut verwahrt! Nach Hunderten schon zählen
Die Klagen, Bitten, wichtigen Processe,

Die, staubbedeckt, vergessen und vermodert
In Burleighs, Robert Cecils Schreibtisch ruh'n.
Mein edler Ohm! Im Drange der Geschäfte
Liest er das Blatt nur stets, das oben liegt.
Der Zufall will, daß diese Schrift nun stets
Persönliches, Beförderung seines Sohnes,
Nachricht von einem Titel, neu begründet,
Den er noch nicht besitzt, sonst nichts enthält.
Die Andern müssen warten bis — bei Gott —
Nach meiner Meinung bis zum jüngsten Tage.
(Den Gehenden nachblickend):
Da geh'n sie hin, ich ahnte, wußt' es ja,
Vor vierzehn Tagen war's nicht so. Seit ich
Bei ihm erschien, mir etwas zu erbitten.
In der Audienz ist er nicht sichtbar mehr.
Sehr schlau, Lord Burleigh! Doch heut' weich' ich nicht,
Bei meiner Ehre, bis ich ihn geseh'n.

(Er steht mit dem Rücken der Thüre zugewandt, so daß Garrik, vorwärts kommend, ihn nicht gleich erkennt.)

Garrik (ihn erblickend, bei Seite).

Noch Jemand hier? Fürwahr, das nimmt mich Wunder.
(Laut, höflich):
Sir, ich bedaure sehr, daß Ihr vergebens
Euch herbemüht, Mylord ist nicht zu sprechen.

(Bacon wendet sich um. Garrik, ihn erkennend, mit völlig verändertem Ton):

Was seh' ich, Ihr seid's, Master Francis, Ihr?
Und ich, ich glaubte doch —

Bacon.

Es sei ein Fremder! (Spottend):
Ei, ich begreif's, daß die Entdeckung schmerzlich,
Mein guter Garrik; daß Du höflich warst,
Thut Dir wohl leid, ich selber muß es sagen,
Ich hab' Dich kaum erkannt, verzeih', ich hätte
Mein Angesicht sogleich Dir zeigen sollen.
Nun bin ich schuld, ich seh' es mit Zerknirschung,
Daß Du von Deiner wen'gen Lebensart,
So sorgfältig gespart sonst, ziemlich viel
Nutzlos verschwendet.

Garrik (zornig).

　　　　　　　　　　Sparet Eure Worte.
Weiß man doch nie, wie man sie deuten soll.
Ihr möchtet Staatsmann sein, wohl Kanzler gar,
Mit Euren langen, bunten, dunklen Reden,
Die Keiner faßt. Lord Robert sagt mit Recht
Wohl spottend stets, Ihr seht Euch selbst im Spiegel
Noch anders als Ihr seid.

Bacon.

　　　　　　　　Welch seltner Witz!
Doch nun zu Anderm, weiser Garrik, höre,
Ich muß Lord Burleigh sprechen, und zwar gleich.

Garrik.

Seid Ihr von Sinnen, er will Niemand seh'n.

Bacon.

Das gilt den Fremden nur, den Hausgenossen
Doch niemals, melde mich!

Garrik.

　　　　　　　　　Glaubt Ihr wohl gar,
Ich sei von Sinnen so wie Ihr, ich sag' Euch,
Es ist umsonst.

Bacon.

Umsonst! Ich muß ihn sehen.

Garrik (laut und zornig).

Ihr müßt! Ei, Master Francis, welch' ein Ton!
Doch still! Ich höre Schritte, still! ich bitt' Euch
Um Gotteswillen.

Bacon (laut).

Und ich sprech' ihn doch!

———

Zweiter Auftritt.

(Vorige. Burleigh. Garrik eilt gegen die Thüre links, aus welcher Burleigh heraustritt.)

Burleigh (ohne Bacon zuerst zu sehen).

Nun, Garrik, warum zögerst Du so lange?
Sind Alle fort? Der überläst'ge Bursche,
Mein Neffe Francis, fort denn endlich? Wie?

Bacon
(tritt vor, mit völlig verändertem, demüthigem, verschlossenen Gesichtsausdruck, und verbeugt sich tief).

Verzeiht, Mylord, entschuldigt meine Kühnheit,
Ich bin noch hier.

Burleigh (drohend).

Das seh' ich, und beim Himmel,
Schon allzu übermüthig wirst Du mir,
Glaubst Du, Du wirst mit Kühnheit Dir erzwingen,
Was freiwillig Dir niemals werden kann?

Bacon (während Garrik sich zurückzieht).

Und warum nicht, Mylord. O, wendet Euch
Nicht ab von mir mit diesem finstren Blicke,
Erbarmt Euch meines Elends — hört mich an.
Ihr seid mein Ohm, und wißt es nur zu gut,
Wie wenig, ach, mir stets das Glück gelächelt,
Vom Tage an, wo ich geboren war
Lord Nichol Bacons Sohn, doch nicht sein Erbe,
Ein jüngerer Sohn! Mein ganzes Dasein war
Dem Studium, der Arbeit nur gewidmet,
Bis mittellos, zum Manne kaum gereift,
Den Vater ich verlor und mit ihm völlig
Die Aussicht, nun, ich seh's, auf Rang und Ruhm.
Mein reicher stolzer Bruder wandte sich
Von mir, verschlossen blieben alle Stellen
Dem Unglücksel'gen, der an Namen wohl
Ein Edelmann, doch nicht an Glanz und Reichthum.

Burleigh.
Was willst Du hier mit all den alten Klagen?
Was sollen sie?

Bacon (heftig).

Erweichen Euer Herz.
In Euer Haus habt Ihr mich aufgenommen,
Es schien die Pforte mir zu Ehr' und Macht,
Zu einer bess'ren Stellung wenigstens,
Die meines Wissens würdig, doch, Lord Burleigh,
Ihr täuschtet mich. Zehn Jahre schmacht' ich schon
In diesen Mauern, ärmer als ein Diener
Und elender als ein Gefangener.
Schon mehr als fünfzig Stellen, die, ich weiß es,
Ein Jeder, ja die Königin wohl selbst
Mir überlassen hätte, habt Ihr grausam
In and're Hand gespielt. Nun ist's genug.

(Trohend):
Denn Francis Bacon, der sich würdig fühlt,
Mit allen Euren Lords es aufzunehmen,
Will nicht ersterben sehen seine Kraft
In Nacht und Dunkelheit, will nicht den Geist,
Der ihn zu höchsten Ehren führen könnte,
Für And're nur gebrauchen.

Burleigh (zornig auffahrend).

Was war das?
Elender Lügner, wagst Du mir zu trotzen?
Hinaus, was suchst du hier?

Bacon.

Ihr wißt, Mylord,
Erledigt ist schon seit zwei langen Monden
Am Hof die Stelle uns'res Kronanwalts.
Ihr habt sie mir versprochen, Ihr, Lord Burleigh,
Mit Eurem Manneswort vor kurzer Zeit,
Heut' wird's entschieden und Ihr habt von mir
Gefordert, eine Rede sollt' ich schreiben
Für meinen Vetter, Euren theuren Sohn,
Die Rede, von der die Entscheidung abhängt,

Wer jenen Rang erhält; sagt, ist's nicht so?
Geheimgehalten habt Ihr mir, daß heut'
Er schon vergeben wird. Ich aber sag' Euch:
Ich werde diese Rede nicht verfassen.
Lord Robert Cecil soll aus eig'ner Kraft
Den niedern Francis Bacon überflügeln.
Ihr seid ja doch so stolz auf Euren Sohn,
Seid Ihr zu stolz nicht auch, durch fremden Geist
Zum Sieg ihm zu verhelfen?
Wie?

Burleigh (auf ihn zugehend).

Ha Schurke!

Dritter Auftritt.

Robert Cecil tritt ein mit langsamem, geziertem Schritt, überladen bekleidet. Burleigh tritt etwas beschämt zurück.

Robert (Bacon erblickend).

Was für ein Lärmen, ich bin ganz erschüttert,
Wie ungebildet, Francis, so zu schrei'n!
Wirst Du denn nie die feine Art erlernen,
Die doch das Wichtigste beim Staatsmann ist?
Trotz aller meiner mühevollen Lehren,
Stehst Du und gehst und kleidest Dich noch immer
Als wie — genug davon. Ich kam nur her,
Ihr wißt's, um meine Rede mir zu holen.
Gebt sie mir, Francis, sie ist hoffentlich
Recht groß geschrieben, denn ein bißchen schlecht
Ist mein Gedächtniß, und die langen Sätze —

Bacon (kalt).

Ich weiß von keiner Rede.

Robert (erstaunt).

Wie! Was hör' ich?

Burleigh (heftig).

Schweig, Francis Bacon!

(Zu Robert):
Du verlaß dies Zimmer!
(Da Robert zögert, sehr heftig):
Geh', sag' ich, hörst Du nicht?

Robert
(indem er sich erschrocken zurückzieht):

Ei! welcher Ton,
Und gegen mich, Du sprichst ja nicht mit Bacon,
Mein Vater. Guter Himmel, und was soll ich
Nun plötzlich ohne meiner Rede machen,
Wo soll ich die Gedanken herbekommen?

Bacon (ironisch).
Am schwersten wahrlich dünkt mich, von Euch selbst.
(Robert zieht sich zurück.)

Burleigh
(der mit finsteren Sinnen dagestanden, tritt vor Bacon hin; kurz und finster):

Nachdem, was heute Du zu mir gesprochen,
Soll Deines Bleibens hier nicht lang mehr sein.
Ein Mittel gibt es noch, mich zu versöhnen,
Vollzieh' meinen Befehl. Heut' Abend erst
Ist jene Sitzung, mach' die Rede fertig,
Und noch einmal soll Dir vergeben sein.
Noch mehr, in Kurzem werd' ich für Dich sorgen,
Glaub' mir, gewiß. O, blick' so trotzig nicht,
Tritt nur aus meinem Haus, versuch' es nur,
Zu Hof zu kommen; — hast Du mich zum Feinde,
Wir wollen sehen dann, wer fällt, wer siegt.
Kein Wort für jetzt, verlasse dies Gemach
Und bring' mir Nachricht, ob von ihrer Reise
Jetzt Lady Catherina schon zurück
Mit ihrer Tochter, und ob es ihr möglich,
Mich gleich zu sehen.
(Da Bacon reden will):
Kein Wort, entferne Dich.
(Bacon ab.)

Burleigß
(sieht ihm finster nach, dann läßt er sich in einen Lehnstuhl fallen und starrt düster vor
sich hin; mit großer Bitterkeit):

Das ist mein Sohn! Das, eines Staatsmannes Sohn,
Von dem noch sprechen wird in hundert Jahren
Der Bücher strenger, stets lebend'ger Mund.
O, Francis Bacon, Armuth, Niedrigkeit
Mit Deinem Geist, ist leichter zu ertragen
Als eines Burleighs Glanz mit solcher Qual,
Wär' er mein Kind, der Erbe meines Namens,
Er, der Beglückte, den ich hassen muß,
Dem in die Wiege lächelnd Götter streuten
Des Genius' ewig siegende Gewalt.
Warum verbarg ich ihn in meinem Haus,
Verwehr' ihm alle Güter, alle Würden,
Und dulde seiner Worte finst'ren Trotz?
Weil ich ihn fürchte! Sprich's nur offen aus:
Vor Dir allein, allmächt'ger, freier Burleigh,
Um Deines Sohnes willen zitterst Du
Vor ihm, der so gebrochen, wehrlos scheinet.
Und werd' ich immer vor dem strengen Aug'
Elisabeths, von Essex' scharfen Blicken
Auf Roberts Thun die Maske halten können,
Von Fleiß und Kraft, von schöpferischem Geist?
Kommt nicht ein Tag, wo Bacon allgewaltig
Die Fesseln sprengt, in die ich ihn gelegt?
Geht er als Sonne auf, gewaltig strahlend,
Erlischt für immer Robert Cecils Stern.
Fluch dir, Natur, die Alles mir gegeben,
Nur nicht das Höchste, daß ich sehen kann,
Wie meine Kinder ernten, was ich pflanzte;
Denn, drück' ich einst zum Schlaf die Augen zu,
Dann werden eitle, lächerliche Thaten
Den Namen Burleighs ziehen in den Staub,
Den alten, oft bewährten, edlen Namen.
An Burleighs Platz wird dann ein Bacon steh'n,
O Gott! vielleicht noch herrlicher, noch stolzer,
Und Burleighs werden sein, was Bacon jetzt ist —
O nein, viel niedriger und viel geringer
Als er. — Still, der Verhaßte kehrt zurück.

Vierter Auftritt.

Bacon (tritt ein).

Mylady Killigrew erwartet Euch,
Mein Ohm, sie ist zurück schon seit zwei Stunden.

Burleigß (steht auf).

Sie zu begrüßen eil' ich, Du bedenke
Indessen meine Worte, laß Dich warnen,
Und zähme Deinen übermüthigen Trotz. (Ab.)

(Bacon setzt sich am Tische nieder, den Kopf in die Hände vergraben, nach einer Pause öffnet sich die Seitenthüre. Harriet tritt herein in der reichen Reisetracht der damaligen Zeit, sie geht auf Bacon zu, der sie nicht gehört hat, und berührt seine Schulter mit der Hand.)

Harriet.

Francis, so in Gedanken, theurer Vetter?

Bacon
(fährt auf, sie erblickend; mit Leidenschaft):

Du hier! Geliebte, kommst Du endlich wieder?

(Steht auf und tritt zurück; mit erzwungener Fassung):

Ich bin verwirrt, verzeiht mir, Lady Harriet
Den seltsamen Empfang. Ihr kamt zu rasch,
So unerwartet, daß ich, überwältigt,
Mich selbst vergaß!

Harriet (liebevoll seine Hand fassend).

Francis, was faßt Dich an,
Was soll der feierlich erzwung'ne Ton,
Des Auges finst'rer Blick mir Trübes sagen?
Bin ich nicht hier, und macht Dir meine Liebe
Nicht Alles wieder gut, was Dich gequält?
Was ist Dir, Francis?

Bacon (düster).

Harriet, Du hast recht,
Ja, gut ist's, daß sie kam, die bitt're Stunde,
Wo ich Dir einmal sagen darf, nur einmal
Noch, daß ich Dich geliebt, mehr als mich selbst,
Daß ich Dich lieben werde allezeit
Bis an mein Grab, ach, als den einz'gen Stern,

Der meines Daseins hoffnungsloses Dunkel
Erhellte, — doch wir müssen scheiden — bald,
Sehr bald, Harriet, die letzte Hoffnung schwindet,
Dich zu gewinnen, ich bin aussichtslos;
Die finst'ren Pfade, die ein Bacon geht,
Der Armuth und des Elends öde Pfade,
Sie sind zu rauh für Burleighs edle Nichte,
Der Glanz und Glück und Lebensfreude winkt!

Harriet (heftig).

Du redest irr'! Was sollen solche Worte?

Bacon.

Als ich vor Jahren dieses Haus betreten,
Warst Du ein Kind, Harriet, ein holdes Kind.
Ich sah' Dich und mir ward's zuerst vergönnt,
Aus Deines Geistes holder Blüthenknospe
Die Blume zu entfalten, süß und hehr;
Die Einz'ge, die mich kannte, mich begriff,
Warst Du, zwei Flammen schlugen uns're Herzen
Sich heiß entgegen, und ich liebte Dich;
Das erste Morgenroth in meinem Leben
War jene Stunde, da ich Dir's gestand.
Weh' mir! und Du?

Harriet.

Und ich? Was zögerst Du?
Ich wies zurück nicht, wie ich es vielleicht
Gesollt, der Liebe allgewaltig Flehen.
Ich hab' zu täuschen, Francis, nie gelernt,
Konnt ich des Herzens ungestüme Sprache
Zum Schweigen bringen, kalt und unbewegt?
Du bist wie eine Sonne aufgestiegen,
Verklärend, blendend über meinem Haupt.
Von Deinem Genius hat leis' ein Hauch
Die Stirne mir gestreift, ein mächtig Ahnen
Kam mir von Deines Geistes Herrlichkeit.
Das ist nicht jene eitle, flücht'ge Liebe,
Nicht jene Leidenschaft, die rasch verlöscht.
D'rum fürchte nichts! Nie werd' ich von Dir lassen.

Ob Elend Dich bestürmt, ob Drang und Noth
Dein Herz bedrückt, ja selbst wenn nie die Stunde
Erscheinen kann, die uns als Gatten eint,
Dein will ich bleiben, Dein, vor Gott und Welt,
Bis einst der Himmel fest uns mag vereinen.

Bacon (mit furchtbarer Leidenschaft).

O Gott! Mach' mir die Trennung nicht so schwer.
Es muß ja sein, Harriet, ich kann Dich nicht
Mit in den bodenlosen Abgrund reißen,
Der gräßlich schon zu meinen Füßen gähnt.
Ich bin kein Jüngling mehr, der hoffen kann,
Geduldig, still, auf beff're Zeiten warten,
Ich bin ein Mann an Jahren wie im Herzen,
Erspare mir die Worte, siehst Du nicht,
Wie wild in schrecklicher Verzweiflung zittert
Mein trostlos Herz, wie Wahnsinn, Fiebergluth
Mich schüttelt, denk' ich d'ran, Dir zu entsagen.
Vernimm denn Alles! Meine letzte Hoffnung,
Die Aussicht auf den Platz des Kronanwalts,
Von der ich Dir gesprochen, ward zu nichte!
Lord Burleigh hat in offnen, dürren Worten
Ihn mir verwehrt; begreifst Du nun?

Harriet.

O Gott!
Und wer erhält die Stelle? Sprich, o sprich!

Bacon.

Du kannst noch fragen, weißt Du's nicht seit lange?
Er, dem Natur für fehlenden Verstand
Genug des Glückes gab, ein großer Mann,
Wenn auch zu werden nicht, so doch zu scheinen.

Harriet.

Mein Vetter, Robert Cecil, sprich, er ist es?

Bacon.

Er ist es, ja; und so wird's immer sein.
Jahrzehnte werden still vorüber zieh'n,
Dem Throne nah' wird Robert Cecil stehen,

Das Volk beherrschen werden Seinesgleichen.
In Dunkelheit, von Armuth, Noth gelähmt,
Wird bleich der Schatten eines Mannes wallen,
Den man einst Francis Bacon nannte, dem
Man einst erzählt', daß er den Geist besitze,
Der Fürstenkronen auf die Stirne zaubert.

Harriet.
Nein, Francis, nein, bei Gott, so darf's nicht werden,
Ein Rettungsmittel hat erleuchtend mir
Gezeigt in diesem Augenblick der Himmel!

Bacon (ohne auf sie zu achten).
Vier Bücher schrieb ich; die Gelehrten, denen
Ich sie gezeigt, sie standen da geblendet,
Erschüttert; „Einen Stern in ihrer Nacht"
So nannten sie mein Werk; wer hat's gelesen?
Wer gibt mir Dich, Du Herrscher in der Welt,
Allmächtiges Gold, um meines Geistes Blüthen
Dem Aug', der Menge endlich darzuthun?
Vermodern müssen unbekannt die Bücher,
Die Tausende vielleicht begeistert hätten.
Erstarren wird der Geist, der glühend einst
Sie schrieb. Wozu? Zerfallen sie zu sehen!

Harriet (seine Hand fassend).
Du bist befreit noch heute, o vernimm:
In wenigen Minuten sollen sich
Bei Burleigh hier die edlen Lords versammeln,
Zum ersten Mal betritt Graf Essex heut'
Dies Haus, um der Verhandlung beizuwohnen,
Die sie noch vor der wicht'gen Sitzung halten,
Die heute Abend ist im Parlament.
Mir ist vergönnt, da ich mich, wie Du weißt,
Mit Staatsgeschichte, Griechisch und Latein
Von jeher gern beschäftigt, beizuwohnen
Mit meiner Mutter den Verhandlungen.
Ich weiß es, Robert Cecil kann nicht reden,
Er ist nicht vorbereitet für die Sache,
Die große, die entschieden werden soll.

Du, Francis, sollst an seine Stelle treten,
Denn Jenem ist der Platz des Kronanwalts
Gesichert, der den meisten Beifall findet,
Im Rath die größte Stimmenzahl erhält.
Wagst Du's zu sprechen?

Bacon
(der ihr gespannt zugehört, leidenschaftlich).

Fragst Du mich, Harriet?
Harrt meine Lippe brennend nicht seit Jahren
Des Augenblicks, wo sie sich öffnen darf?
Um endlich meinen Anspruch zu bewähren,
Daß ich mich würdig fühle, gleich zu steh'n
All diesen stolzen, übermüth'gen Gegnern? —

(Immer bewegter):

Wie allgewaltig faßt mich der Gedanke!
In meine Seele schlägt er zündend ein,
Harriet, mein Stern, mein Glück, mein süßes Leben,
O, soll's zur Wahrheit werden, daß ich Dir,
Nur Dir den Ruhm, die Freiheit danken werde?
Vor mir gebeugt, erniedrigt, überwältigt,
Soll ich den übermüth'gen Burleigh seh'n,
Der in sein Joch mich ehern zwingen wollte!

Harriet.

Ich höre Schritte, bald wohl kommen sie.
Rasch; Du verbirgst Dich dort im Kabinet
Und hörst so Alles, doch verharre still,
Bis ich die Thüre öffne, Dich zu rufen.
Ich steh' seit lange in Lord Essex' Gunst
Und werde d'rum mit wenigen Worten ihn,
Ich glaub' es wohl, bestimmen, Dich zu hören.

Bacon (indem er sie scharf ansieht).

Du stehst in Essex' Gunst? Ich will nicht hoffen,
Harriet, daß er, der übermüth'ge Fant,
Zu viel der Höflichkeiten Dir erwiesen!

Harriet (lachend).

Wie? Eifersucht? Ei, ei, mein theurer Vetter,

Du sagtest doch, Du hast mich aufgegeben,
Wir sind uns völlig fremd jetzt, ist's nicht so?

Bacon (leidenschaftlich ihre Hand fassend).

Harriet, wenn Du Dich einstmal von mir wendest,
Dann, ach, ich fühl' es, geht für immerdar
Mein guter Engel fort aus meinem Leben.

Harriet.

O fürchte nichts! Doch still, sie kommen näher.
In's Kabinet, und harre meines Wink's.
(Bacon ab in's Kabinet.)

Fünfter Auftritt.

Harriet tritt rasch zum Fenster. Es treten ein Lord Burleigh, Lord Essex in reicher Hoftracht, Hut mit langer Feder, Degen; Lady Catharina, Lord Southampton, Robert Cecil, Sir Walter Mildmay, Andrew Walsingham, Nichol Norton, Edward Cole und andere Lords und Gentlemen, Diener, welche einen großen Tisch in die Mitte rücken, Schreibgeräthe darauf, und Stühle herumstellen.

Essex (geht auf Harriet zu und begrüßt sie).

Wie freu' ich mich, in Eurem eigenen Heim
Euch, holde Lady, endlich zu begrüßen.
Bei meinem Schwerte, hier muß man Euch suchen,
Um Euch zu seh'n, die schönste Blüthe Englands
Zeigt sich am seltensten bei Hof, fürwahr!
Ich fand Euch nicht beim Fest in Windsor gestern.

Harriet.

Ich bin erst heut' vom Land zurückgekehrt,
Mylord, auch wünschet meine Mutter nicht,
Daß ich die Festlichkeiten oft besuche;
Sie sagt, ich sei zu jung noch.

Essex (während sich Gruppen im Gespräch bilden).

         Ei, ich kannte
Bis heut' noch keine, die zu große Jugend
Ein Hinderniß für ihr Erscheinen hielt.

(Etwas leiser, ironisch):

Zu großes Alter wohl. Doch das ist nun

Auch längst vorbei; der Hof von England zeigt
Ja deutlich, daß die edlen Ladies nie
Zu alt sich finden, uns die Festlichkeiten
Zu schmücken; uns're Feste haben d'rum
Solch einen, ja bei Gott, wie soll ich sagen,
Solch einen würd'gen Anstrich, daß, Ihr habt
Ganz recht, Ihr in die Reih'n nicht passen würdet
Der Damen, die um Ihre Majestät
Sich stets bewegen, denn es säh' fast aus
Wie eine Rose in — in einem Kranze —

Mildmay (der zugehört, ihm leise in's Ohr).

Wie unbesonnen! Wenn die Königin
Dies hört'! Es lauschte Coke —

Essex (sehr laut).

Und wenn sie's hörte?
Strahlt sie nicht wie die Sonne, in dem Kranze,
Der sie umgibt, in ew'ger Anmuth Glanz? (Bei Seite):
Bei Gott, es wär' auch schwer, dort nicht zu strahlen!

Harriet (zu Mildmay).

Seid mir gegrüßt, Sir Walter!

(Zu Essex gewendet):

Ei Mylord,
Ich bin erstaunt, so boshaft Euch zu finden,
Ich wollte eine Bitte an Euch richten,
Nun wag' ich's fast nicht mehr.

Mildmay (lachend).

O, laßt Euch doch
Die Bitterkeit Lord Essex' wenig kümmern, (leise):
Denn nicht genug, daß um die Königin,
Ich kann's beschwören, selbst die jüngsten Damen
Schon äußerst würdig ausseh'n, diese selbst
Noch geben Grund zu Eifersucht und Streit
Der wachsamen und leicht erzürnten Fürstin.

Essex.
(Cole spricht mit Mildmay, Harriet und Essex im Vordergrunde. Essex zu Harriet):
Ihr wolltet eine Bitte an mich richten,
O sprecht, zu glücklich bin ich, Euch zu dienen.

Harriet.
So schenkt mir einen Augenblick, Mylord.
(Sie spricht leise mit ihm. — Vorwärts kommen Burleigh und Robert Cecil.)

Burleigh (wüthend).
Laßt mich in Frieden jetzt zum letzten Mal,
Auf Schritt und Tritt, untrennbar wie mein Schatten,
Folgst Du mir mit erbärmlichem Gesicht,
Was soll's?

Cecil.
Ich bitt' Euch nur, mir vorzuschreiben,
Mylord, was ich im Rathe reden soll.
Ich weiß kein Wort heut', bin nicht vorbereitet.

Burleigh (unwirsch).
Entschuld'ge Dich, und sage, Du seist unwohl,
Wirst Abends sprechen!

Cecil.
Ach, das geht nicht mehr,
Das that ich schon an den zwei letzten Malen.

Burleigh
(auffahrend und mit dem Fuße stampfend).
Was hör' ich, bei den wichtigsten Debatten!

Cecil (zurückweichend).
Das war ja damals, wißt Ihr's denn nicht mehr,
Als ich, da Bacon auf ein Blatt Papier
Mir aufgeschrieben, was ich reden sollte,
Das Blatt verlor beim letzten Hahnenkampf?
Da mußt' ich schweigen.

Burleigh (mit verbissenem Zorn).

Thoren hilft kein Gott,
Geschweige denn ein Mensch; ich bin es müde,
Dir beizusteh'n; geh', hilf dir selber, Bursche!
(Wendet sich ab.)

Essex (mit Harriet vorkommend).

Ein Bacon sitzt im Hause der Gemeinen.

Harriet.

Das ist sein reicher Bruder, der ihn rauh
Verließ und jede Hilfe ihm versagte.

Essex.

Nun, Euch zu Liebe, holde Harriet, will ich
Versuchen, ob ich thun kann, was Ihr wünscht,
Und werd' ihn hören, bald ja wird sich's zeigen,
Ob wirklich Kraft und Genius in ihm wohnt.
Ich glaub' es fast, denn unf'rem guten Burleigh
Und mehr noch unf'rem weisen Robert Cecil
Sieht es ganz ähnlich, so wie Ihr's beschreibt,
(Indem er sich lächelnd zu ihr neigt):
Zu handeln, doch nun müßt Ihr mir auch sagen,
Wie nimmt Lord Cecil denn die Freundschaft auf,
Die Ihr dem jungen Francis Bacon widmet?

Harriet (bewegt).

Mylord, hat Francis Bacon nicht ein Recht,
Der Arme, der Verlaff'ne, mehr auf Liebe
Und Freundschaft, als der reiche Robert Cecil,
Dem in den Schoß das Glück schon Alles warf?
Für Jenen sorgt ein Vater, Dieses nimmt
Sich Niemand an.

Essex.

Seid sorglos, holde Lady,
Ist er es werth, soll er noch heut' in mir
Den lang entbehrten Freund und Schützer finden.

Harriet.

Er ist's, Mylord.

Essex.

Bei meinem Schwert, die Hälfte
Von meinem Glanze gäb' ich, wenn von mir
Ein solcher Mund begeistert solches sagte!

Burleigh.

Zur Sitzung edle Lords und Gentlemen
'S ist hohe Zeit, zu schnell ja fliehn die Stunden!
(Alle setzen sich um den langen Tisch, Essex, Southampton und Mildmay sitzen in der Mitte, links mit dem Rücken zum Kabinet Burleigh, ihm gegenüber Robert Cecil, dann die Uebrigen. Lady Catharina und Harriet nehmen beim Fenster Platz.)

Mildmay (steht auf).

An wem ist's heut', bestimmt's, Mylord von Burleigh,
Die Sache darzulegen, zu erklären,
Die unser Parlament entscheiden soll.

Burleigh.

Lord Essex hat das Recht als erster Gast
Bei mir; ich bitt' ihn, schleunig zu beginnen.

Essex (sich erhebend — nach einer Pause).

Ich bin kein Redner, edle Lords von England,
In schlichten Worten nur kann ich Euch darthun,
Was Ihre Majestät die Königin,
Gott segne sie, mir auftrug vorzubringen
Im Rath, bevor's entschieden werden soll.
Des Hof's von England Pracht und selt'ner Glanz
Ist Euch bekannt; es fliegt durch alle Lande
Die Mähr' von unsrer Feste Zauberglanz.
Der Fürstin Stolz sind sie, doch was sie kosten,
Ward nicht bedacht, und daher kommt's nun, daß
Der Schatz Elisabeths, des Hauses Tudor,
Erschöpft ist, doch des Staates Gelder will
Die Fürstin nie und nimmermehr berühren.
Sie fragte den Sir Edward Coke um Rath,
Und dieser rieth ihr, Mylords, neue Steuern
Im Lande auszuschreiben, eine Art (spöttisch):
Von freiwilliger Steuer, Liebessteuer,
Doch Der, der sie nicht zahlt, wird freiwillig,

Dünkt mich, wohl schleunig auch zum Kerker wandern! —
Nun, mir gilt's gleich; doch Ihre Majestät
Ist streng gerecht, sie unterbreitete
Dem Parlament den kühnen Vorschlag, that
Ihm ihre Noth zu wissen, und entschied auch
Zugleich, daß Jener nur die freie Stelle
Des Kronanwalts bei uns erhalten soll,
Der Stimmenmehrheit hat für seine Meinung.
Der Gegenstand ist schwierig und verfänglich,
Es gilt ja, wenn die Königin gewinnt,
Das Volk, und wenn das Volk gewinnt, die Fürstin
Erst zu besänftigen. (Bei Seite):
Ich wähle mir
Das Erst're, doch das Letzt're nie, beim Himmel!
Ein Jeder spreche seine Meinung aus.
Lord Schatzmeister, Ihr seid zuerst daran,
Und dann Sir Walter Mildmay, doch die Meinung,
Sir Edward Coke, sie ist uns schon bekannt.
Um kurz zu sein, hier stehen Zwei von uns,
Die Anspruch machen auf das Amt des Anwalts,
Zwei Gegner, hier der edle Edward Coke,
Und dort Lord Robert Cecil, letz'rer gegen,
Und erst'rer für die Einführung der Steuer.
Sagt, ist es so?

Coke (rasch).

Jawohl.

Cecil (zögernd und unentschlossen).

Ich glaube ja!

Essex.

Wohlan, an's Weit're nun, Lord Großschatzmeister,
Für wen wird Eure Stimme heut' erklingen?

Burleigh.

Ich stimme für den Antrag Robert Cecil,
Und warne sehr, das schon bedrückte Volk
Durch solche Lasten neuerdings zu reizen,
Die zur Befriedigung von Launen nur,
Zu eitlem Prunk und Glanz verhelfen sollen.

Dies meine Meinung, doch ich bitte, nicht
Zu glauben, daß ich d'rum auf Cecils Geist
Einfluß geübt.
    Coke (ironisch).
Wer wagte dies zu glauben!
Wir kennen, denk' ich, schon seit langer Zeit
Lord Robert Cecils kühn, selbstständig Urtheil.
    (Burleigh will auffahren).
    Essex (rasch.)
Sir Walter, Ihr?
    Mildmay.
Ich muß Euch offen bitten,
Ihr edlen Lords, daß jetzt Ihr mir erlaubt,
Auf Abends meine Rede zu verschieben!

    Essex.
Ihr habt dazu ein Recht, bewährter Staatsmann.
    (Zu Norton gewendet):
Nun weiter; Ihr, Sir Nichol!
    Norton.
      Für Sir Edward
Bin ich in meiner Rede.
    Essex (zu Walsingham).
Ihr?
    Walsingham.
      Desgleichen.
    Essex.
Gut denn; Ihr andern Gentlemen mögt Euch
Entscheiden erst, wenn uns're Lords gesprochen.
Lord Southampton, beginnet Eure Rede.

    Southampton (erhebt sich).
Mylords, Ihr sagt es, schwierig ist die Sache,
Die heut' das Parlament vertreten soll,
Längst steh' ich auch, ich muß es offen sagen,
Wie alle edlen Glieder uns'res Raths

So sicher sonst und streng in ihrem Urtheil,
Unsicher schwankend, schüchtern fast sich zeigen,
Sie fürchten, für Sir Edward Coke zu stimmen,
Denn ach, sie kennen Englands armes Volk,
Arm, trotz des Reichthums unf'res schönen Landes.
Sie scheuen aber auch die Königin,
Und sie noch mehr, ich weiß es, Furcht wird denn
Im Parlament die ungerechte Sache
Heut' siegen machen, wenn nicht Einer aufsteht,
Der rücksichtslos und laut es Allen sagt:
Hier gibt's kein Zittern, Zögern, thatlos Schwanken,
Und keine Rücksicht auf die Königin.
Es gilt des Volkes Wohl, dann wird auch sie,
Die große Frau, die unf're Krone trägt,
Sich fügen; doch wo ist er, jener Redner,
Der mit des Wortes allgewalt'ger Kraft
Erkenntniß gießet, Muth in Eure Herzen!
Lord Robert Cecil, fühlt Ihr Euch gewachsen,
Auf Eure Schultern diese Last zu nehmen?
Wenn nicht, dann glaubt mir, ist es besser wohl,
Wir zeigen unser Schwanken nicht der Fürstin
Und stimmen gleich für sie, eh' sie uns zürnt
Unnöth'ger Weise.

   Essex.
Mylord Cecil, redet! (Pause.)

   Cecil
(fährt auf, wie aus dem Schlafe. Er erhebt sich schwankend, räuspert sich, setzt sich wieder
nieder, sucht in seinen Taschen, beantwortet Burleighs zornigen Blick mit einem jammer-
vollen Seufzer und beginnt stotternd und sehr langsam):

         Mylords! (Pause.)
Mylords von England! — Edle Gentlemen!
Ich bin — Ich kann -- Ich fühle mich erschüttert,
Mich hier zu sehn'n — (Pause.)

   Essex (leise zu Southampton).
Der Einzige jedenfalls
Ist er, scheint mir, den er noch je erschüttert.

Cecil.
Mylords!
(Er sieht sich hülflos um, wischt sich den Schweiß von der Stirne.)

Burleigh (sehr erregt).
Was ist Dir, Robert?

Cecil (sehr erleichtert).
O, verzeiht,
Mir ist nicht wohl, seit einigen Tagen schon!
Ein Schwindel!

Coke (boshaft).
Ja, ich kenne solche Schwindel.
Bei Manchen kommen stets sie, ist's nicht seltsam,
Im Augenblicke, wo sie reden sollen.

(Burleigh fährt wüthend auf).

Essex (zu Coke leise).
Sir Edward, war das edel?

(Coke zuckt die Achseln).

Southampton.
Nun ich seh',
Daß Mylord Cecil ersichtlich leidend aussieht,
Und leider ist's zu höchst ungünst'ger Zeit,
Wer soll an seiner Stelle heute reden?

Essex
(steht plötzlich auf, wirft einen raschen Blick auf Harriet, die ihn flehend ansieht, wendet sich zu Burleigh).

Lord Schatzmeister! Es wurde mir gesagt,
Daß Ihr im Hause einen Neffen hättet
Mit Namen Francis Bacon, edlem Stamm
Entsprossen und in jeder Weise würdig,
Ein Amt im Staat, ein hohes selbst zu nehmen,
Wie kommt es, daß bis heut' der Königin
Er noch nicht vorgestellt ward, und am Hofe
Sich nie gezeigt? — Bei Gott, es wundert mich!

Burleigh (im höchsten Grade erschüttert).
Graf Essex!

Essex.

Er beschäftigt sich, so hör' ich,
Mit Politik, so könnt' ja er vielleicht
Lord Robert Cecil vorderhand vertreten
Ich wünschte ihn zu seh'n.

(Harriet hat die Thüre geöffnet, Bacon erscheint im Zimmer, alle Blicke richten sich auf ihn. Mildmay steht auf und reicht ihm herzlich die Hand.)

Burleigh (zurücktaumelnd).

Wer that mir dies?

(Mildmay spricht leise mit Bacon.)

Essex
(der Bacon gespannt und scharf beobachtet, zu Southampton).

Schau doch auf ihn, Southampton, welch' ein Antlitz
Voll düst'rer Gluth, voll ausdrucksvoller Kraft!
Auf diese Züge hat der Genius
Unläugbar seinen Stempel aufgedrückt.
Sieh', was für Augen!

Southampton (ernst).

Finst're Schwärmeraugen,
Und doch schon jetzt seit langer Zeit gewohnt,
Des eis'gen Gleichmuths Maske fest und sicher
Zu tragen, aus dem Antlitz spricht ein Geist,
Der glühend herrschen will, Ehrgeiz, der still,
Doch brennend tobt im scheuverschloss'nen Herzen,
Doch harter Sinn. —

Essex (lächelnd).

Wie rasch Du urtheilst, Freund!

Southampton.

Ich pflege stets, wie jung ich bin, Mylord,
Im Menschenantlitz wie in einem Buch
Zu lesen. Selten täuschte ich mich noch.

Essex (zu Bacon).

Sir, tretet vor.

(Bacon tritt vor und verneigt sich mit ruhigem Anstand. Essex):

Ihr wurdet mir genannt

Als einz'ger Bruder Mylord Henry Bacons
Von Barleghouse, wie kommt es doch, daß Ihr,
Obwohl Ihr alle Wissenschaften beinah'
Wie man mir sagte, eifrig schon studirt,
Selbst Bücher schriebt, Euch nie bei Hofe zeiget?
Verlangt's Euch nicht nach Ehren? Was — erlaubt
Die Frage mir — was ist denn Eure Stellung,
Daß Ihr uns so verborgen bleiben konntet?

Bacon (nach einer Pause).
Mylord, ich habe alle Wissenschaften,
Wie Ihr's erwähntet, gern und mit Erfolg,
Ich darf es sagen, einstmals wohl betrieben,
Doch meines Vaters Tod, er ließ mich arm. —
(Er schweigt zögernd.)

Essex.
Ihr hattet einen Bruder, einen Oheim;
(Mit einem Blick auf Burleigh):
Mit solchem Schützer konntet Ihr nicht lang,
Dünkt mich, so völlig unbeachtet bleiben.

Bacon.
Mein Bruder, Mylord, wandte sich von mir;
Erlaubt mir, über diesen Schmerz zu schweigen,
Auch Armuth hat das Recht, ja, stolz zu sein.

Essex.
Vergebt mir, wenn ich einen wunden Punkt
In Eurem Herzen unbewußt berührte;
Doch Euer Ohm, Lord Burleigh, der Allmächt'ge?

Bacon.
Zehn Jahre weile ich in seinem Haus
Als, als —

Coke (leise zu Southampton).
Nun, als Lord Robert Cecils Seele,
So dünkt's mich! Seht, jetzt ist sie ausgeflogen,
Nun sitzt entgeistert, hilflos, seht nur, seht,
Der große Staatsmann da!

Bacon.
Als sein Verwandter.
Es fiel ihm schwer, für mich etwas zu finden,
Und Geld, mein Buch zu drucken, hatt' ich nicht,
Da nahm ich eine Stelle in Grays Jnn
Als Schüler, Mylord, bei den Advokaten.

Essex (auffahrend).
In Grays Jnn, Sir! Ihr täuschet Euch im Namen,
Ihr meint doch nicht die schändliche Spelunke,
Wo im Geheimen vor der Polizei
Ihr Unwesen die Winkeladvokaten
Jetzt treiben? Redet!

Bacon.
Ja — — es ist dieselbe.

Essex (mit lauter Stimme, zu Burleigh gewendet.)
Dieselbe! und dies war das einz'ge Amt,
Das Burleigh, der allmächt'ge Staatsminister —

Burleigh (furchtbar gereizt, drohend auffahrend).
Lord Essex!

Essex (langsam).
Nun, ich weiß genug, Mylord!
(Zu Bacon):
Ihr kennt die Sache, die wir hier besprechen?

Bacon.
Ich kenne sie, von Grund aus —

Essex.
Und wofür
Seid Ihr, für Cecil oder Edward Coke,
Für oder gegen die gewünschte Steuer?

Bacon.
Aus vollster Ueberzeugung gegen sie.

Essex.
Durch Euer Alter und durch Eure Herkunft

Wär't Ihr berechtigt, längst im Parlament
Zu sitzen, laßt uns Eure Meinung hören. —

(Pause).

Bacon

(läßt einen Augenblick sein Auge gedankenvoll über die Anwesenden schweifen, dann mit ruhiger, volltönender Stimme):

Mylords!
Wohl weiß ich, daß es eine große Kühnheit,
Für einen so geringen Unbekannten,
Gleich mir, unvorbereitet, wie ich bin,
Das Wort zu nehmen, in so wicht'ger Sache,
Ich sitze nicht, Mylords, im Oberhaus,
Doch wär' ich an Lord Robert Cecils Stelle,
Dann würd' ich sagen, Lords und Gentlemen,
Was heut' gefordert wird ist viel, sehr viel.
Mit treuer, schweigender Ergebung zahlt
Das Volk die Steuern jetzt noch, die schon fast
Von dem Besitze eines Jeden wohl
Die Hälfte nehmen, aber dann, Mylords!
Vielleicht wird's auch die neuen Lasten tragen
Gehorsam, doch ich schwör' es, von dem Tag
Wird der Gewerbfleiß und der Feuereifer
Im Volk verlöschen, langsam wie die Flamme,
Der allgemach die Nahrung man entzieht.
Wer quält sich fruchtlos und wer müht sich ab,
Wenn er es weiß, daß blinde Willkür ihm
Sein heiligst Gut, den Lohn gethaner Arbeit,
Zu jeder Stunde rauh entziehen kann,
Daß von der Gnade nur, was er besitzt,
Abhängt, nicht von dem Recht des freien Bürgers!?
Mylords! man muß ein Volk nicht zu weit treiben,
Mit allzugroßen Lasten nicht bedrücken;
Und wofür ist dies Gold, das heut' Ihr fordert,
Das Blut, der Schweiß, die Arbeit uns'res Volkes?
Seid offen, Lords, nur zur Befriedigung
Von flücht'gen Launen, nur zum hohlen Prunke!
Nein, nein! für einen großen, edlen Kampf,
Für Freiheit, Ehre, Recht des Vaterlandes,

Da fordert, und da wird Euch gern gegeben,
Doch nicht zu diesem Zweck. — Bedenkt's, thut's nicht!
(Große Theilnahme unter den Zuhörern. Burleigh starrt Bacon unaufhörlich finster und
forschend an, während Essex ihn mit lebhaftem Interesse gespannt und erregt beobachtet.
Bacon macht eine Pause.)

Mildmay (leise zu Essex).
Das ist der Styl von Robert Cecils Reden!

Essex (heftig).
Woher die Reden stammten, weiß ich nun.

Southampton
(während Essex gespannt und begeistert Bacon beobachtet).

Ihr habt nicht unrecht, Sir, doch sagt mir nun,
Habt Ihr auch auf ein Mittel schon gedacht,
Um dieser Klemme sicher zu entkommen?
Wie könnten wir auch ohne jene Steuer
Die Königin befried'gen und den Hof?

Bacon.
Mylords, ich weiß, es war bis heute Sitte,
Daß Ihre Majestät mitsammt dem Hof
Allein nur alle Festlichkeiten gab.
Der Adel hat schon seit Jahrzehnten fast
Am reichen Prunk des Hofes sich erfreut,
Den nur die Casse Ihrer Majestät
Allein bestritt. Wenn ich nicht irre, so
Besucht die Königin mit ihren Damen
Des hohen Adels Festlichkeiten nie.

Mildmay.
Ihr habt ganz recht, die Königin ist nie
Zu finden in den Schlössern und Palästen
Und bei den Festen ihrer Anverwandten.

Bacon.
Von jetzt sollt' Ihre Majestät geruh'n,
Selbst wen'ger oft am Hofe zu empfangen,
Doch zu gestatten, daß die Peers des Reichs
Die Kosten mit bestreiten bei den Festen,
Die sie so oft getheilt. Dies fordert, Mylords.

Wenn hie und da nun Ihre Majestät
Besucht die auserlesensten der Feste,
Braucht nicht so oft sie selber zu empfangen,
Geholfen wäre beiden Theilen dann,
Und nicht vermindert, nein, im Gegentheil,
Vermehrt die Pracht bei uns, die weltbekannte.
(Nach einer Pause):
Wenn Euch der Ausweg schlecht dünkt, Lords, verwerft ihn
Und sinnt auf einen andern, aber führt
Die neue Steuer nicht im Volke ein.
Bei Gott, es müßten unf're Edelleute
Ihr letztes Silber, unf're Pächter, Bauern,
Ihr Haus und Feld, all' ihr erspartes Gut
Zu Markte bringen, wollt Ihr so sie drücken.
Wenn Euch der Feste Zauberglanz umfängt,
Berauschend Lust und Jubel um Euch klingen,
Denk't keiner von Euch dann an jene Hütten,
Die einsam draußen steh'n, auf weitem Moor,
Durch die des Elends fürchterlich Gespenst,
Durch die der Hunger bleich, hohläugig schreitet?
Denkt Niemand an die Hände, frosterstarrt,
Die zitternd ihre Arbeit nur vollbrachten,
Um den Ertrag entrissen sich zu seh'n?
Mir wahrlich zuckte Schauder durch das Herz,
Müßt' ich an so erkauftem Glanz mich freuen,
Mir wär's, als hört' ich durch den Jubelklang
All' der Musik, der Armen dumpfes Stöhnen,
Die draußen kauern an der Straßen Rand
Und aufseh'n zu den leuchtenden Palästen,
Zu ihres Glückes, ihres Wohlstands Grab.
(Große Bewegung unter den Anwesenden; fortfahrend):
Und was, Mylords, wird man von Euch dann sagen?
Wie wird das ganze hohe Parlament
Gesunken sein in unf'res Volkes Achtung.
Unwürd'ge Demuth bringt die Herrscher nur
So weit, daß ihre Macht sie überschätzen,
Und schlechte, heuchelnde Berather machen
Sie glauben, für den Fürsten sei das Volk,
Der Fürst zum Schutz nicht für das Volk geschaffen

Ich bin zu Ende, dies ist meine Meinung;
Vergebt mir, wenn zu offen ich gesprochen,
Doch nicht als Francis Bacon stand ich hier,
Ich dachte mich an Robert Cecils Stelle.
Ich dachte mir, mein sei das heil'ge Recht,
Für meines Vaterlandes Wohl zu reden.

(Er tritt mit einer Verbeugung zurück. Alle erheben sich. Grosse Bewegung unter den Anwesenden. Essex springt auf, begeistert, nachdem er ihm athemlos zugehört, eilt vor und fasst seine Hand; feurig):

Essex.

Das sollt Ihr, Bacon, o, bei meiner Ehre;
Der Tag hat Euer künftiges Geschick
Entschieden, wenn ein Wort von mir noch gilt
Im Parlamente und bei meiner Fürstin.

(Er spricht eifrig mit ihm).

Norton.

Bei Gott, nach meiner Meinung hat er recht.

Walsingham.

Wie treffend er die Sache uns beleuchtet.

Mildmay.

Ich stimme für ihn.

Mehrere Lords.

Wir desgleichen.

Essex (sich umwendend).

Ha!
Erkennt Ihr nun die Wahrheit seiner Rede?

(Zu Burleigh):

Lord Burleigh, noch ein kurzes Wort mit Euch.

(Vor Burleigh hintretend, mit schonungsloser Bitterkeit):

In Euer tiefstes Inn're einen Blick,
Lord Schatzmeister, hab' heute ich geworfen,
Mehr als Euch lieb sein kann, hab' ich geseh'n.
Betrogen habt Ihr uns're Königin,
Betrogen unser hohes Parlament,
Als ihr den schwachköpfigen Robert Cecil

Einführtet kühn in unser Oberhaus,
Bei Hof ihm Ehren gabt und Rang und Stellung,
Mit fremdem Geiste seine Hohlheit decktet.
Daß er uns blendete, herzlos und roh
Habt Ihr den armen hilflosen Verwandten,
Der bittend und vertrauend zu Euch kam,
Mit Füßen fast getreten und mißhandelt,
Bestohlen um sein heiligst Eigenthum,
Den göttlich freien Geist.

    Burleigh (wie rasend auffahrend).
Graf Essex, schweigt!

    Essex (ohne auf ihn zu hören).
Ich kenne Euch! Erkannt habt Ihr gar bald,
Was Ihr an ihm besaßt, wie er Euch schaden
Und nützen könnte. Schande aber Euch,
So groß als Staatsmann, und als Mensch so niedrig!
So seid Ihr, die man hohe Geister nennt,
So seid Ihr, die Ihr Fürsten lenkt und Reiche!
Ehrgeizig bis zum Wahnsinn, voll von Habgier,
Voll Ränkesucht, nicht duldend, daß ein An'drer
Nur athmet neben Euch, der Euren Glanz
Verdunkeln könnte und Euch überstrahlen.
Komm', Francis Bacon, komm', in dieser Stunde,
Die Deines Geistes Glorie mir gezeigt,
Will ich ersetzen Dir, was Du versäumtest.
O gönne mir das Glück, daß Der ich sei,
Der Dich zuerst entdeckt, zuerst erhoben,
Laß mich der Gott sein, der das Morgenroth
Des ersten Ruhms an Deinen Himmel zaubert,
Der so lang dunkel war; im Parlament
Sollst heute noch Du diese Rede halten,
Die uns begeistert; Burleigh stößt Dich fort,
In meinem Haus sollst Du die Heimat finden,
Die Du so lang vermißt, ich eile fort,
Die Königin zu bitten, daß Du heute
Indeß an Cecils Stelle reden darfst.
Du wirst gewinnen, und als Kronanwalt

Hoff' ich, mein Freund, Dich morgen schon zu grüßen.
Kommt, kommt Mylords, begrüßt den neuen Stern,
Mildmay und Norton, Walsingham, Southampton,
Er ist mein Freund, mein Bruder, wißt's, von heut,
Und wer mich liebt, der muß auch zu ihm halten.

Bacon (wie betäubt).

O Himmel, träum' ich!

Southampton (leise).

Essex! mäßige dich.

Essex.

Was, Mäßigung! Er riß mich mit sich fort,
Der Genius in dieses Mannes Worten;
Ich frag' Euch, wo ist Einer unter Euch,
Der sich im tiefsten hoffnungslosen Elend
Solch' eine Sonne in der Brust bewahrt!

(Zu Bacon):

Die Königin erwartet mich, bereite
Für Abends Dich und schick mir Deine Werke,
Ich will sie lesen, und das Geld zum Druck
Dann eilig sammeln, meine Casse ist,
Wie meistens, leer, doch das thut nichts zur Sache.
Das Geld wird unser, harre baldig meiner.

(Ihm die Hand drückend, im Abgehen):

Das Schicksal ist Dir Vieles schuldig, Bacon,
Laß mich sein Bote sein, der Dich bezahlt.

(Zurückkommend, zu Burleigh, kurz und finster):

Elisabeth will Eure Falschheit ich,
Mylord, verschweigen, wenn Ihr mir versprecht,
Von heut' an Bacons Laufbahn nicht zu hemmen.
Lord Cecil muß den Platz im Parlament
Zwar räumen, doch wenn Euer Wort Ihr haltet,
Kann still und ohne Aufseh'n dies gescheh'n,
Im Unterhaus', im Hause der Gemeinen
Wird wohl sich eine Stelle für ihn finden,
Wo er dann sitzen, friedlich träumen kann,

Und ausruh'n mag von seiner hohen Würde;
Denn mit dem Redner ist's für jetzt noch nichts!
(Er geht ab. — Schwüle Pause, dann faßt Burleigh Cecils Hand und verläßt ohne
Gruß das Zimmer, Harriet durch einen gebieterischen Wink zwingend, ihm zu folgen.
Die Uebrigen drängen sich alle um Bacon, der wie träumend dasteht.)

Mildmay.
Ich wünsch' Euch herzlich Glück, denn eine Laufbahn
Voll Ruhm thut sich, nun Bacon, vor Euch auf,
Lord Essex thut nichts halb.

Norton.
Nein, das ist wahr!
Ich bitt' Euch, nehmt auch mich nun an zum Freunde.

Walsingham.
Mich auch, ich sag' Euch, Eure schöne Rede
Ist sicher des Erfolgs.

Southampton (kalt und ruhig).
Hofft nicht zu früh,
Die Königin ist unberechenbar.
Sie wird gestatten, daß Ihr redet, Sir,
Doch Eurer Rede Wirkung auf ihr Herz
Je nun, wir wollen seh'n! Ich hoffe, daß
Ihr Euch im Glück so standhaft zeigen werdet,
So weise, als Ihr es im Leid gethan.
Lebt wohl indeß. —

Mildmay.
Lebt wohl!

Norton.
Auf Wiederseh'n!
(Alle ab mit Lady Katharina. Nur Bacon bleibt allein zurück.)

Bacon (voreilend, mit Leidenschaft.)
Zum Kampfe auf denn, offen ist die Rennbahn,
Und fallen kann ich, aber weichen nicht.

Der Vorhang fällt.

Erster Act.

Spielt sieben Jahre später.

Lady Hattons Wohnung. Ein eleganter Empfangssalon mit einem Hauptausgang und Seitenthüren.

Erster Auftritt.

Walter Mildmay. Walsingham.

Mildmay (eintretend, heftig).

Ich sage Euch, Ihr wißt nicht, was ich weiß,
Ach, Harriets ganzes, frommes, reines Herz
Gehört dem Kronanwalt, und meine Liebe
Ist ewig hoffnungslos. Sie wird sein Weib
Vielleicht niemals, doch immer seine Braut
Und seine todtgetreue Freundin bleiben.

Walsingham.

Und Ihr, mein Freund, Ihr seid so reich an Großmuth
Mit Eu'rer heißen Leidenschaft im Herzen
Für diese holde Lady, seine Neigung
Zu unterstützen, und ihn zu ermuth'gen. —

Mildmay.

Was soll ich thun? Was nützt zu kämpfen gegen
Der Liebe Macht; sie wächst durch Widerstand.
Hab' ich ein Recht, zu ihr zu sprechen von
Den thörichten Gefühlen meines Herzens,
Ich, der ich weiß, daß sie nicht frei mehr ist?
Nein, nein! Begraben tief in meiner Seele
Sei meine Hoffnung, meiner Liebe Gluth!
Ihr Freund und Schützer will ich immer bleiben,
Ich, dem das Recht man nicht mehr zugesteht,
Des Lebens schönsten Wonnetraum zu träumen,
Ich, der erstarrt im langen Dienst des Staats,
Nur lächerlich vor Euch erscheinen würde,
Wollt' werben ich um Lenzesblüthen noch!

Walfingham.

Der Jugend nur, der übermüth'gen frohen
Gesteht die Welt ja zu das Recht der Liebe,
Ihr fallen leicht die Gaben in den Schoß,
Oft unverdient, um die gereifte Männer
Ihr Herzblut und ihr Leben geben würden.

Mildmay.

Es ist umsonst, die Zeiten sind dahin!
Zu spät erblühte mir die holde Rose,
Mein Lenz war einsam, freudenleer und öd,
Verbergen tief will ich in meiner Brust
Die Flammen, die ein grausam Schicksal d'rin
Entzündet, doch verlöschen kann sie nimmer.

(Beide ab, begegnen an der Thüre Lord Burleigh und Edward Coke, an denen sie mit steifen Verbeugungen vorbeigehen.)

Zweiter Auftritt.
Burleigh und Coke.

Burleigh.

Der Diener sagt mir, Lady Hatton sei
Noch nicht zu sprechen, und wir sollten warten.

Coke (sich niedersetzend).

Ich habe Zeit, mir ist im Gegentheil
Nicht leid, daß ich für einen Augenblick
Allein Euch sprechen kann. Ich darf ja doch
Auf Euch vertrau'n.

Burleigh.

Gewiß! mein Freund, das dürft Ihr.

Coke.

Sagt mir, was hört man Neues in der Stadt?
Es gingen kürzlich seltsame Gerüchte,
Daß wüthend sich die Königin entzweit
Mit Essex und den Zutritt ihm verweigert,
Scheinbar, weil er den anvertrauten Platz
In Irland kühn verließ, in Wirklichkeit

Doch, weil er wenig ehrfurchtsvoll von ihr,
So heißt's, im heitren Freundeskreis gesprochen.
Ist etwas Wahres an der Nachricht? Redet!

Burleigh.
Sehr viel, Sir Edward, Essex aber macht
Sich wenig aus dem Grolle seiner Herrin.

Coke.
Er wagte viel schon oft, und hat's gedurft,
Als er in's Parlament den Bacon brachte,
Wißt Ihr es noch, war damals ausgemacht
Schon im Geheimen, daß die Königin,
Verborgen in dem nächsten Kabinete,
Zuhören sollte bei des Neulings Rede.
Es war sehr kühn von ihm, das zu verlangen.

Burleigh.
Die Folgen zeigten's bald, noch denk' ich d'ran.
Ich saß auf meinem Platz, vor mir ein Meer
Von Köpfen, tausend Augen, die doch alle
Nur an dem Einen, Einz'gen forschend hingen,
Der still von seinem Sitze sich erhob,
Zerstreut und langsam seine düst'ren Blicke
Hinschweifen ließ durch's todtenstille Haus,
Und dann begann; es war dieselbe Rede,
Die er vor uns gehalten, nur noch kühner,
Noch feuriger! In grellem Widerspruch
Zu ihm, dem blassen, unscheinbaren Mann,
Von dessen Lippen sie gewaltig floß.
Erst sprach er leis', wie träumend fast, wie müde,
Dann aber schwoll die Stimme langsam an,
Und höher färbten sich die bleichen Wangen,
Und deutlich klang es durch den weiten Saal,
Jedem vernehmbar, daß er kühn und offen
Sich aussprach gegen Ihre Majestät.
Die dunklen Augen fingen an zu flammen
Gespenstisch unter seinem schwarzen Haar,
Und höher, drohender wuchs die Gestalt,

Und immer mächtiger ward die Zauberstimme,
Die tieferschütternd in die Herzen drang,
Die Thränen, Rufe, donnergleichen Beifall
Allen entlockte, Allen, ausnahmslos.

Coke.

          Die Königin,
Ihr könnt es wohl begreifen,
War außer sich! Die Kammerfrau'n erzählten
Von ihrem namenlosen, blinden Zorn.
Doch daß sie ein gewagtes Spiel gespielt
Mit ihrem Volk, das wußte sie sehr wohl.
Auch war sie damals leider, wie so oft,
Doch nur ein Weib und liebte diesen Essex
So leidenschaftlich, daß sie seinen Günstling
Bei sich empfing mit heuchlerischer Güte,
Und überall ob ihrer edlen Duldung,
Und hohen, strengen Unparteilichkeit
Sich preisen ließ; im Stillen aber haßte
Sie Francis Bacon sinnlos, rachevoll,
Weil er ihr Gegner war; denn daß mit ihm
Sie zweifellos erreicht hätt' ihren Willen,
Das wußte sie, und schon nach kurzer Zeit
Verbot sie Essex, Bacon selbst zu nennen,
Verweigert' ihm den Sitz im Parlament,
Und daß sie still ein Auge zugedrückt
Bis heut', wenn sie von all' der Treu und Freundschaft,
Den Gunstbezeugungen gehört, die ihm der Lord
Erwiesen, so geschah dies nur aus Liebe
Und blinder Leidenschaft für diesen Essex,
Der sie so ganz, so ganz in Händen hält.

(Bacon hat, während sie reden, unbemerkt eine Seitenthüre geöffnet und will eintreten;
er erblickt die Beiden, stutzt und bleibt lauschend in der Thüre stehen.)

Burleigh.

In Händen hält? Mich dünkt, es ist der Tag
Gekommen, wo das Blatt sich wenden dürfte,
Doch, was ich sagen wollte! Bacon hat,
Bei Gott, für das was ihm versprochen wurde,
Nicht viel erhalten; nichts als jenen Platz

Des Kronanwalts, wo er mit selt'nem Geist,
Durch ein'ge mehr als schwierige Processe,
Sich einen Namen schuf; doch weder Rang
Noch Reichthum, Ruhm und Glanz, was er so heiß
Ersehnt, ist ihm geworden, und nur darum,
Weil ihn die Königin im Stillen haßt
Und namenlos verfolgt, durch einen Mißgriff
Nur wurde er bekannt, sein Eintritt in
Das öffentliche Leben war verbunden
Mit einem Fehler schon, der schwer zu tilgen
Und schwer, ich glaube, zu vergessen ist.
Er, wie Lord Essex, hat dies nicht bedacht,
Und darum ist ihm eine schöne Laufbahn,
Ich hoffe es, für lange noch verschlossen.
Er hängt von Essex ab, wird der gestürzt,
Dann, dann mein Freund, stürzt Bacon noch viel tiefer,
Des Günstlings Günstling hat auf schwankem Boden
Sich seine künft'ge Größe aufgebaut.

Coke.

Mich nimmt nur Wunder, daß sein wilder Ehrgeiz
So ganz verschwunden scheint, wie ausgewechselt
Ist er, ein stiller, ein bescheid'ner Mann;
Wir täuschten uns ihn ihm; weit weniger
Gefährlich ist er ja, trotz seines Geistes, —
Als wir geglaubt.

Burleigh (gedankenvoll und düster).

Ja, er ist sehr verändert.

Coke.

Es wird zur Sitzung Zeit, kommt Ihr mit mir?

Burleigh (aus tiefen Gedanken auffahrend).

Sir Edward, hört, wenn es zum Aergsten kommt,
Wenn, was ich hoffe, Essex in den Kerker
Geworfen wird, ob schnöden Hochverrathes,
Dann wird man seine Freunde mitverdächtigen
Und nach Beweisen suchen, daß Southampton
Und Bacon wußten um sein schändlich Thun.

Ich weiß, daß Bacon Briefe von ihm hat
Aus Irland, die er sorgfältig bewahrt,
Zu trachten ist, daß man sie bei ihm finde.
Dann ist er schon verloren. Kommt jetzt, kommt!
(Bacon schließt die Thüre und entfernt sich.)

Coke (zögernd).
Ganz recht, allein ich —

Burleigh.
Sagt, was wollet Ihr
Denn eigentlich bei Lady Catharina?

Coke (zögernd).
Ich wollte —

Burleigh.
Ach, ich weiß, man sagte mir,
Daß Ihr jetzt werbt um Lady Hatton; sie
Als Gattin heimzuführen wünscht Ihr denn?
Ich wünsch' Euch Glück, mein Freund, doch sag' ich offen,
Ich denk', Ihr müßt durch allzugroße Sanftmuth
Bei Frauen, und durch Anmuth nicht verwöhnt sein,
Erwählt Ihr die!

Coke.
Nun, Lady Catharina
Ist schön und reich!

Burleigh.
Was schön, was reich! Bei Gott,
Fünftausendmal, ich schwör's, wiegt ihre Bosheit,
Ihr Jähzorn, ihre bissig scharfe Zunge,
All' ihren Reichthum auf. — Ich wollte gern
Mit Harriet sprechen, die, Ihr wißt's, mein Freund,
Seit ihrer Mutter Tod bei Lady Hatton
Lebt, ihrer Base. Doch, ich seh', es wird
Zu spät, mir geht die Angelegenheit
Mit Essex ernst im Kopf herum, ich hoffe
Sie nimmt ein Ende, wie wir's wünschen, Freund.
(Wollen abgehen, Essex öffnet die Thüre vor ihnen.)

Burleigh (rasch).
Seid mir gegrüßt, Lord Essex!

Essex.
Ei Mylords,
Ich wünsch' Euch guten Abend. Ist nicht Bacon
Bei Lady Hatton? Sagte mir der Diener
Doch, daß er vor zwei Stunden Eintritt fand.

Coke (sehr unruhig).
Der Kronanwalt bei Lady Catharina?
Und wir, wir warten hier umsonst auf sie,
Was hör' ich? Seltsam!

Essex.
Nun, ich kann mich täuschen.

Coke (bei Seite).
Ich geh', doch baldigst bin ich wieder hier
So still als möglich, schleunig zu beenden
Die mir so wichtige Angelegenheit.

Essex.
Ist er nicht hier, begleit' ich Euch, Ihr Lords,
Doch liegt mir viel daran, ihn aufzufinden.
(Alle ab.)

Dritter Auftritt.

Bacon
(öffnet nach einer Weile die Seitenthüre und tritt ein. Er ist wenig verändert, trägt dieselbe unscheinbare Tracht der Advocaten wie früher, sein Gesicht ist bleicher, sein ganzes Wesen grübelnd und verschlossen; langsam nach vorne kommend):

Sie gehen endlich! Lady Hatton möchte
Sich wundern, wenn sie jetzt mich hier noch fände!
(Mit dem Fuße stampfend):
O, ew'ger Gott, wie schwer erringt sich doch
Das Einfachste, wenn man so gänzlich hilflos,
So arm ist, wie ich immer, immer noch.
Ich hab' dies Weib zur Gattin mir erkoren,

Um meines Ehrgeiz' willen opf're ich ihr
Dich meine liebe, meine süße Harriet.
(Mit tiefer Wehmuth):
Sie gab mich frei. O Gott! Laß mich vergessen
Die schwere Stunde, da sie es gethan!
Nicht will sie hemmend meiner künft'gen Laufbahn
Im Wege steh'n; doch eines Andern Gattin
Auch niemals sein; das, ach, ist Balsam doch
Für meines Herzens unheilbare Wunde.
(Er nimmt vom Tisch ein Medaillon und betrachtet es mit großer Schwermuth.)
Dein Bild, mein Lieb! Der schwache Abglanz nur
Von Deines Angesichtes holden Zügen!
O Gott! Was kommst Du jetzt in meine Hand?
(Bei dem Anblicke des Bildes verweilend.)
Du Einz'ge, die in meinem finst'ren Herzen
Einst sanftere Accorde aufgeweckt,
Was siehst Du mich so ernst, so traurig an?
Mit jenen Himmelsaugen, die bestimmt
Mir einst zum Leitstern meines Lebens schienen!
Hätt' ich Dich nie gekannt! Ein bitt'rer Kampf
Wär' dann uns Beiden wohl erspart geblieben!
(Er setzt sich nieder und stützt den Kopf in die Hand.)
„Wenn Essex fällt, stürzt Bacon noch viel tiefer",
Sagt Coke nicht so? „Wir haben uns getäuscht
In ihm, gewiß, er ist nicht, was wir glaubten."
O Schaar von Thoren, die sich weise dünkt,
Wie ich Dich hasse, wie ich Dich verhöhne
In meinem Herzen, während ich vor Dir
In ehrfurchtsvoller Demuth mich verneige!
Doch Du hast recht. Des Kronanwalts ist nun
Genug! 's wird Zeit, daß ich nach Höherem blicke.
(Aufspringend):
Ihr Jawort muß mir Lady Hatton geben
Sobald als möglich; warum zögert sie
So lang? Soll mich der neid'sche, boshafte,
Nichtswürdige Coke am Ende noch besiegen
Bei Ihr? Sie schien mir so verändert heut'.
Ist sie mein Weib, dann soll ihr Reichthum mir
Die Stellung schaffen, die mir das Verdienst

Nicht bringen kann, mir eine Laufbahn öffnen.
Was sagten sie von Essex? Daß er mir
Zu wenig Ehr' verhalf? Fürwahr, sie haben
Sehr recht? Ich hätte nie geglaubt, daß er
So schwach, so machtlos ist bei seiner Fürstin.
O, diese Königin, sie ist's, die mir
Den Weg zum Ruhm verschließt, Thor der ich war.
O blinder Thor, mich gegen sie zu wenden!
Hätt' ich die Gunst Elisabeths, entbehren
Könnt' ich dann Essex, Lady Hatton, Alle,
Mein würde Harriet. Wie, und sagt man nicht,
Daß Essex fallen wird? Ich hörte gestern
Etwas dergleichen. Guter Gott, und ich,
Was dann mit mir? Gesonnen bin ich nicht,
Als einz'gen Lohn des langen Sklavendienstes
Das Gaukelspiel aufopfernd treuer Freundschaft
Und Dankbarkeit, die sich im Tod bewährt,
Zu spielen. Uns're Wege geh'n zusammen,
Essex, so lang' nur, als Du mächtig bist,
Drum auf, nach Grays Inn will ich schleunig eilen,
Denn dort erfahr' ich sicher, ob Gerücht,
Ob Wahrheit ist, daß Essex sich entzweite
Mit Ihrer Majestät, ob ernstlich ihn
Gefahr bedroht, durch seine Flucht aus Irland.

(Er eilt ab und stößt heftig auf Coke, der behutsam durch die Mittelthüre hereinschleicht.)

Vierter Auftritt.

Coke (indem er verblüfft Bacon nachsieht).

Das nenn' ich Lebensart! War das nicht Bacon?
Was sucht er hier, wär's wahr, daß er die Frechheit
So weit treibt, um die reiche Frau zu werben,
Die ich gewinnen will? Gott gebe, daß
Er keinen Vorsprung noch vor mir gewonnen.
Ich muß sie seh'n und die Entscheidung rasch
Herbeiführ'n, doch, wer kommt hier?

Fünfter Auftritt.
(Harriet und Southampton von links.)

Coke (ihnen entgegengehend).

Lady Harriet,
Wie freut's mich, Euch zu finden, kann ich jetzt
Gleich Lady Hatton sprechen? Es ist wichtig.

Harriet.
Sie ist im nächsten Saale, geht nur hin.
Ihr findet sie gewiß.

Coke (im Abgehen.)

Ich danke Euch, Lady.

Sechster Auftritt.
(Southampton, Harriet.)

Southampton (mit großer Leidenschaft).

So ist's umsonst, mein Flehen ganz vergebens,
Ihr weist entschieden meinen Antrag ab!
O, Lady Harriet, kennt Ihr kein Erbarmen?
Ich bin kein Mann, der leicht und flüchtig liebt,
Doch, wenn er liebt, dann ist's für's ganze Leben.
Bedenkt Euch noch einmal! Bin ich Euch so
Verhaßt, daß ich Euch selbst nicht würdig scheine,
Den Grund nur Eurer Weigerung zu wissen?
Ihr seid sehr hart!

Harriet.
O sprecht nicht so, Mylord,
Ich acht' und schätz' Euch sehr, Ihr wißt es wohl,
Doch kann ich Eure Gattin niemals werden.
Mein Herz ist nicht mehr frei. Was Niemand weiß,
Ich will es Euch vertrau'n, Ihr werdet treu,
Ich weiß es, mein Geheimniß mir bewahren.
Ich liebe meinen Vetter, Francis Bacon,
Er, der mein Einz'ger und mein bester Freund.

Verlobt wir waren schon durch lange Jahre,
Vor Kurzem erst hab' ich dies Band gelöst,
Denn arm und machtlos, wie ich bin, kann ich
Ein Hemmniß nur auf Bacons Laufbahn werden,
Der dornenreichen, wie Ihr selbst wohl wißt.
Doch uns're Herzen bleiben treu verbunden
In Ewigkeit, und keinem Liebeswort
Aus and'rem Munde darf und will ich lauschen.
Ich schwur es ihm. — O Gott, was ist Euch, sprecht!

Southampton
(ist auf einen Stuhl gesunken und verhüllt das Angesicht in den Händen; in furchtbarer Aufregung):

Ist's möglich, Bacons Braut, des Kronanwalts,
Täuscht mich kein Traumbild, ist es, kann es Wahrheit
Denn sein? O, Gott mög' Euer sich und meiner
Erbarmen, wenn dies wahr ist.

Harriet (heftig erregt).

Sprecht, o sprecht,
Habt Ihr von Bacon Schlimmes denn vernommen,
Ist ihm ein Unglück widerfahren? sagt!
Ihr foltert mich.

Southampton
(indem er sich erhebt, mit großer Bitterkeit):

Kein Unglück, seid getrost,
Und zittert nicht so.
(Ihre Hand fassend, mit Leidenschaft:

Wenn Ihr wüßtet, Harriet,
Wie ich Euch liebe, könntet meinen Schmerz
Ihr ganz ermessen, doch er wär' geringer,
Wüßt' ich Euch eines Andern, fremden Braut.
Doch Bacon liebt Ihr! O, wie dieses Wort
Schrecklich im Ohr mir klingt, ihn liebt Ihr, ihn,
Ihr wollt an diesen starren, finst'ren Mann,
Mit dem erstorb'nen Herzen in der Brust,
Euch binden, ihm, und einzig ihm nur leben?

Harriet (gekränkt).

Mylord!

Southampton.
O, hört mich an! Ihn liebt Ihr, ihn,
Den ich für einen Schwärmer einst gehalten,
Und der sich furchtbar uns als Gegner und
Als Herr entgegenstellen wird, sobald
Ihm nur Gelegenheit dazu sich bietet.
Ein Abgrund ist sein Herz! noch kämpfen Engel
Und Teufel um ihn, doch die letzteren siegen;
Glaubt mir, bei erster, wirklicher Versuchung
Fällt er, und fällt für immer, rettungslos.
Er täuschte diese Weisen, Burleigh, Coke,
Er täuschte Essex, meinen armen Freund,
Der an dem Rand des Abgrunds arglos schlummert.
Mich aber täuscht er nicht. Wenn er Euch liebte,
Wie ich Euch liebe, ehrlich, heiß und treu,
Dann könnt' er nicht von Euch ein Opfer fordern,
Wie Ihr es bringen wollt. Dann könnt' er nicht
Um Catharina Hatton sich bewerben,
Was schon das Stadtgespräch und nur Geheimniß
Vielleicht für Euch noch; mit Euch spielt er, Harriet,
Und hintergeht Euch schändlich.

Harriet (ernst und ruhig).
                    Hintergeht?
O nein, Mylord, ich weiß, daß er seit lange
Um meine Base, Lady Hatton, wirbt,
Und zweifle darum nicht an seiner Liebe.
Doch will ich hindernd ihm im Weg nicht steh'n,
Denn ich bin arm. Mein Bruder, der im Kampf
Im fernen Indien steht, hat alle Güter
Geerbt, für ihn steigt täglich mein Gebet
Zum Himmel, um ein lang und glücklich Leben.
Wenn Bacon eine Gattin sich erwählt,
Die ihm verhilft zu dem, was ihm gebührt,
Zu Glanz und Ehren, die ihm sonst verschlossen,
Sollt' ich ihn hassen dann, verachten wohl?
Nein, Lord Southampton, meine Träume sind
Von and'rer Art, Ihr Alle könnt das nicht
Begreifen, was in meiner Seele wohnt.

(Mit tiefer Empfindung):

Ich lieb' ihn, ja! Am dunklen Horizont
Ist er ein leuchtend Sternbild mir erschienen,
Wie eine Offenbarung schien sein Geist
In meine Seele grüßend sich zu senken.
Mir ist schon Glück, nur seiner Stimme Klang
Zu hören, nur sein Angesicht zu sehen.
Nicht Leidenschaft durchzittert meine Brust,
Ich ford're ihn nicht für mich allein, der Menschheit
Gehört der Genius ja, und nimmer soll
Ein schwaches Weib zurück vom Ziel ihn halten.
Was ich in Bacon liebe, ist der Geist,
Der allgewaltig siegende, der mächt'ge,
Der ihn zum König macht, und Euch, Euch Alle,
So klein, bedeutungslos erscheinen läßt,
Mit Eu'rem ganzen Prunk und Glanz und Flitter!
Ich bau' auf ihn, wie auf den ew'gen Gott,
Der meine reine Liebe für ihn segnet.
Nur glücklich und an seinem rechten Platz
Will ich ihn seh'n, dann kann ich auch verzichten,
Jemals sein Weib zu sein; doch Eins nur, naht
Mit Liebesfleh'n mir nicht! es ist vergebens;
Sein Bild nur füllt, nächst Gott, mein ganzes Herz.
Er ist mein Alles auf der ganzen Erde. —

Southampton (sehr erschüttert).

Unsel'ger, ich! der ich die herrlichste,
Vollkommenste der Frau'n erst kennen lernte,
Sie zu verlieren! Sei's denn, baut auf ihn,
Ich aber weiche nicht von meiner Meinung.
Nah' ist der Tag, wo er bei Essex sich
Bewähren muß. Denn ich, ich sage Euch,
Der Bruch, der zwischen Essex und der Fürstin
Stattfand, wird schwere, düst're Folgen haben;
Wie sie ihn einst geliebt, haßt sie ihn nun,
Sie kann auf jene tolle Flucht aus Irland,
Wo er den anvertrauten Platz verließ,
Urplötzlich, ohne Grund, gar viel der Klagen
Aufbauen, und ich weiß, sie wird es thun.

Bacon verdankt ihm Alles, Essex hat
Für ihn der Fürstin hundertmal getrotzt,
Wie er's ihm lohnen wird, wir wollen sehen;
Wird er als Freund sich offen zu ihm stellen,
Und seine Laufbahn setzen selbst auf's Spiel?

Harriet (heftig).
Wie könnt Ihr zweifeln?

Southampton.
Nein, ich zweifle nicht,
Ich warte nur auf die Entscheidungsstunde.
(Eindringlich und leise):
Doch wenn, was ich gefürchtet, sich erfüllt,
Wenn Bacon nicht so groß ist, wie Ihr glaubtet,
Dann denkt an mich.

Harriet (sehr leidenschaftlich):
Er wird es sein, Mylord,
Wär' er es nicht — o, zweifeln schon ist Sünde,
Doch wär' er's nicht, würd' ich ihn einmal nur
Seh'n, schwankend, oder gleichgültig, nur einmal,
Wenn es zu helfen und zu retten gilt,
Aus meinem Herzen wäre er verbannt,
Als hätt' er nie gelebt, mehr als gestorben
Wär' er für mich, und all' sein hoher Geist
Soll doppelt niedrig ihn erscheinen lassen!
Doch, guter Gott, das wird ja niemals sein,
Ich bürge für ihn, und ich schwöre, daß —

Southampton (heftig).
Schwört nicht! Es thut mir weh, o bitter weh,
Begreift Ihr es denn nicht, dies anzuhören! —
O, Lady Harriet, ein sehr treues Herz,
Das namenlos, das glühend Euch geliebt,
Und ewig liebt, habt Ihr von Euch gestoßen;
Ich zürn' Euch nicht, doch Tage werden kommen,
Wo meiner Ihr gedenkt, wenn Euer Blick
Erst tiefer sich gesenkt in Bacons Seele.

O, wie sehr wünscht' ich doch, daß ich mich täuschte,
Um Euretwillen, die so theuer mir —
Mich ruft die Pflicht, für Essex einzutreten,
Ihn zu beschützen, wenn Gefahr ihm droht.
Lebt wohl. — Ich sag' Euch, tief bewegt: Denkt meiner.
(Zur Thüre gehend und dann zurückkommend, mit erstickter Stimme):
Denkt meiner, wie man eines Todten denkt,
Für ewig hab' ich heut' mein Herz begraben. —

(Er küßt ihr die Hand, in diesem Augenblicke öffnet Bacon die Mittelthüre und sieht mit todtenblassem verzerrten Gesicht, wie Southampton von Harriet Abschied nimmt und dann rasch abgeht, ohne ihn zu beachten. Harriet steht mit dem Rücken gegen ihn. Coke öffnet die Seitenthüre und kommt herein, während Harriet sich auf das Sofa setzt und das Gesicht in den Händen verbirgt.)

Coke
(zu Bacon, der gerade vor ihm steht, mit falscher Freundlichkeit).

Was seh' ich, ist das nicht, wenn ich nicht irre,
Der gute, nun wie heißt er gleich, der Anwalt?

Bacon (mit einer tiefen Verbeugung).

Ja Mylord, Francis Bacon, Ihr habt recht,
Der, sieben Jahr' ist's her, die Ehre hatte,
Gegenüber Euch zu steh'n im Parlament,
Und Euch zu —

Coke (rasch).

Ja, ich weiß, Ihr müßt vergeben,
Daß ich Euch nicht erkannt. Ich kenne nur
Die edlen Herren, die sich am Hof bewegen,
Um Ihre Majestät, und Ihr gehört,
So viel ich weiß, noch nicht dazu.

Bacon (kalt).

Noch nicht.
Und werde niemals auch dazu gehören,
Ihr wißt ja, Ehrgeiz war mein Fehler nie;
Zufrieden bin ich in der schlichten Stellung,
Die meines Gönners Großmuth mir gegeben.

Coke (etwas verblüfft).

Ei, in der That, einst schient Ihr anders!

Bacon.

Einst!
Um Gott, Sir Edward, wollt' Ihr mich für eitle
Und flücht'ge Jugendträume nun zur Rechnung
Urplötzlich ziehen? Hat sie ein Jeder nicht?
Ihr träumtet einst ja auch von einer Stellung,
Die einem Andern dann gegeben ward.
Doch nach und nach erwacht man von dem Traume
Und kehrt zur schlichten Wirklichkeit zurück.
Ich weiß nun, daß, wo Coke und Cecil herrschen,
Ein Bacon seinen Platz nicht finden kann.

Coke (bei Seite).

Mich dünkt bei meiner Ehr', er spottet meiner.

(Er läßt Bacon stehen, der sich bleich und finster, in düsterem Brüten, an den Thürpfosten lehnt, und beginnt mit Harriet ein leises Gespräch.)

Bacon (im Selbstgespräch).

Nein, unerträglich wird schon diese Stellung;
Was ich von Essex hörte, ew'ger Gott,
Ich möchte nicht an seiner Stelle sein.
Doch, wie dem Netz entkommen, das er schlau
Um mich gewebt. Durch Catharina Hatton?
Durch Macht und Reichthum ja. Doch Harriet sie,
O wilde Qual, unbänd'ge Eifersucht
In meiner Brust, o dieser Southampton,
Der um sie wirbt, der mächtige, der stolze,
Sie zu besitzen ist mein höchster Traum,
Sie zu verlieren zwingt mich meine Zukunft.
O Fluch Euch, die Ihr Armuth, Niedrigkeit
Auf mich gehäuft, hätt' ich für mich die Fürstin,
Wie anders wär' dann Alles; wie gewinne
Mir wieder ich die Gunst Elisabeths?

Harriet (zu Coke).

Was habt Ihr an der Hand? Ihr seid verwundet,
Das ist ja Blut.

Coke (rasch, indem er die Hand zu verbergen sucht).

Blut? Kehrt Euch nicht daran.

Ich bring' Euch eine große Neuigkeit,
Ich bin verlobt.

Bacon (bei Seite).

Verlobt! Nun Gott sei Dank,
So ist das Hinderniß bei Lady Hatton
Doch aus dem Weg geschafft!

Harriet.

Ich wünsche Sir
Euch herzlich Glück, doch sprecht, wer ist die Braut?
Wie hängt mit Eurer Wunde an der Hand
Denn die Verlobung, sagt mir doch, zusammen?

Coke (zögernd).

Je nun, die Braut ist — Catharina Hatton.

Harriet (auffahrend).

Was hör' ich, guter Himmel!

Bacon (wie rasend auffahrend).

Tod und Hölle,
Das fehlte noch, o Alles, Alles scheitert!

Coke (fortfahrend).

Vor einer Stunde warb ich erst um sie,
Erst war sie etwas rauh, doch daran darf
Man sich nicht kehren, 's ist so ihre Weise.

Harriet.

Und Eure Wunde?

Coke.

Ihren Spiegel warf
Sie an den Kopf mir, mit den Scherben hab' ich
Mich dann verletzt, doch hatt' es keine Folgen.
Des Blutes Anblick machte sie gerührt,
Und sie vergab mir, ja noch mehr, versprach —

Bacon (vortretend, mit beißendem Hohn).

Versprach, es sollte nicht das letztemal sein,
Daß sie mit Euch so liebevoll verfahren.

Ich wünsch' Euch Glück zu Eurer sanften Braut,
Vom Herzen Glück, Sir Edward!

Coke (etwas verblüfft).
Vielen Dank.
Ich muß zur Arbeit, so lebt wohl für heute.
(Zu Harriet):
Auf Wiedersehen, theure Lady Harriet. (Ab.)

Siebenter Auftritt.

(Bacon. Harriet. Kaum hat Coke die Thüre geschlossen, so stürzt Bacon mit bleichem, verzerrtem Gesicht auf Harriet zu, umfaßt ihre Hand mit eisernem Griffe.)

Bacon (sehr leidenschaftlich).
Harriet! was hat Euch Southampton gesagt?

Harriet (erschreckt).
Francis, was ist Dir?

Bacon (immer aufgeregter).
Rede, rede Mädchen!
Wenn Du mich nicht zum Wahnsinn treiben willst.
Was wollte Southampton?

Harriet.
Ei, blick' so wild,
So sinnlos mich nicht an! Er warb um mich.

Bacon (in Wuth ausbrechend).
Ich ahnte, o, ich wußt' es ja! Und Du?

Harriet.
Du fragst mich noch? Ich hab ihn abgewiesen,
Wie sich's von selbst verstand.

Bacon.
Und darum hat
So zärtlich er beim Abschied Dir die Hand
Geküßt, mit seinem falsch schwermüth'gen Lächeln?
Ihn abgewiesen! O, ich kenne das.
Das gilt für heute, und als gute Freunde

Geh'n er und Du dann friedlich auseinander,
Um morgen, übermorgen, jeden Tag
Auf's Neue, freundschaftlich und ungezwungen
Sich wieder zu begegnen, bis zuletzt — (wild):
Thor, der ich bin! Kann es mich Wunder nehmen?
Der schöne, reiche, mächt'ge, edle Lord
Muß ja den armen Bacon überflügeln,
Der nichts für Dich hat, als sein heißes Herz
Voll namenloser, unbegrenzter Liebe.

Harriet.
Mich so zu quälen nennst Du edel, Francis?!
Wer war's, Du oder ich, der treuer schien?
Ich will Dir wahrlich keinen Vorwurf machen,
Daß Du um Catharina Dich bewarbst.
Du weißt, daß Deine Heirath selbst mich nie
Vermocht hätt', eines Andern Weib zu werden,
Ich wäre Freundin, Schwester Dir geblieben,
Doch mir zu zürnen, hast Du heut' kein Recht.

(Pause).

(Bacon macht einen Gang durch das Zimmer, kommt dann zurück und wirft sich plötzlich
vor Harriet nieder, mit großer Leidenschaft ihre Hand fassend.)

Bacon.
O Harriet, Du süße, reine Blume,
Du Heilige in diesem Höllenpfuhl
Des Erdendaseins; wie unendlich niedrig,
Wie klein, wie schändlich steh' ich da vor Dir!
Du Einz'ge, die noch Bacon glauben lehrt
An etwas Hohes, Edles auf der Erde.
Vergib mir, o vergib, wenn ich Dich kränkte!
O wüßtest Du, wie ich oft elend bin,
Wie in unendlich martervollem Zweifel
Mein Geist sich aufbäumt gegen mein Gefühl.
Wann werd' ich aufhör'n, nur ein bloßer Spielball,
Umhergeworfen von der Fluth der Zeit,
Zu sein, ein Nichts, der Laune eines Günstlings,
Die, wenn er stürzt, im Sturze er zermalmt;
Das, das ist Francis Bacon, der Unsel'ge!

(Er hält plötzlich inne, wie erschrocken, zu viel gesagt zu haben, und wendet sich ab.)

Harriet (bewegt).

Sprich nicht von Essex so, dem einz'gen Freund,
Der liebend Deinem Dunkel Dich entrissen,
Und der für Dich so viel, so viel gethan,
Daß Du es niemals wirst vergelten können.
Was klagst Du? Bin ich heute nicht bereit,
Selbst in der schlichten Stellung, die Du einnimmst,
Dein Weib zu werden? Mich lockt Reichthum nicht.
Mein höchstes Gut, Du weißt's, mein größter Ehrgeiz
Ist Deine Liebe, Francis, und Dein Glück.

Bacon (wie im Traum vor sich hinsprechend):

Was lockst Du mich, Du zauberische Stimme,
Noch einmal fort von diesem dunklen Pfad,
Den ich betreten will? Schwankt Bacon wieder?
Soll er denn nicht bestimmt sein, wirklich nicht,
Zu Ehren und zum Ruhme zu gelangen?
Ein stilles Glück mit ihr, o ja, bei Gott,
Es wäre schön, o viel zu schön für mich,
Der es nicht schätzen, nicht begreifen könnte,
Der für den Kampf der Welt geboren ist.
Und ihnen weichen, diesen Cokes und Cecils,
Besiegt sich selber nennen durch die That!
O, lieber sterben! (Zu Harriet):
      Meine Harriet, nein,
Ich weiß, daß Du die opferwilligste,
Die edelste und treu'ste bist der Frauen;
Ich aber bin zu stolz, mit meiner Hand
Dir nichts zu bieten als die kleine Stellung,
In der ich steh', ein schimmerloser Stern.
Ich fühl's im Herzen, nahe ist der Tag,
Der mir das Recht gibt, mein Dich ganz zu nennen!

Harriet.

Was sinnst Du, Francis?

Bacon (düster).

Weiß ich's selbst, Harriet?
Kennt die Lawine, die am Abhang ruht,

Den Sturmwind denn, der sie urplötzlich faßt
Und mit sich reißt, und in die Tiefe schleudert?
Ob's Ungewitter oder Sonne ist,
Die meines Ruhmes Samenkorn
Zur Blüthe und zur üpp'gen Frucht einst wandelt,
Ich weiß es nicht. Darauf kannst Du vertrauen,
Daß es geschieht; ob böse, gute That.
Zur Ernte reift die langgesäete Saat,
Wer weiß es? Wer kann in die Zukunft schauen?

———

Achter Auftritt.

(Lord Essex. Die Vorigen. Essex, ungewöhnlich ernst, in tiefen Gedanken, sobald er aber die Anwesenden erblickt, fährt er zusammen und nimmt mit einiger Anstrengung sein unbefangenes gewöhnliches Wesen an.)

Harriet
(ihm entgegensehend, sehr herzlich, indem sie ihm die Hand reicht).

Willkommen, Mylord!

Essex (indem er ihr die Hand küßt).

Daß ich hier Euch störe,
So spät noch, Ihr vergebt's, Lady Harriet,
Ich suche Bacon.

Bacon (der ihn gespannt beobachtet).

Mich? Hier bin ich, Mylord.

Essex
(indem er ihm etwas verlegen die Hand gibt).

So recht? Ach ja, ich weiß, Du bist betrübt;
Wohl Lady Hattons wegen; solch ein Narr,
Wie dieser Coke! Auf allen Straßen singt er
Sein Glück nun aus; doch Du mußt Dich nicht grämen!
In einem Jahr schon, Francis, wird er weinen,
Und Du wirst lachen über Catharina.
Ich bin recht froh, nun darf ich's offen sagen,
Daß nichts für Dich aus dieser Heirat ward;
Ich spreche sonst von Frauen selten Schlechtes,
Doch diese Dame — Gott behüte mich!

Ich bin selbst nicht verwöhnt. (Bei Seite):
Das weiß der Himmel!
Sie, der ich dienen muß, versteht es, ach,
Zu peinigen, doch so wie — o, vergebt mir,
Sie ist ja Eure Base. Nun, zu And'rem!
(Zu Harriet):
Mit Euch ja muß ich zanken, und zwar tüchtig,
Ich kenne Einen, hab' ihn erst begegnet,
Dem Ihr das treue Herz gebrochen habt.
So grausam, Lady? O, mein armer Freund
Ist ganz gebeugt; kommt, sagt es mir nur offen,
Ihr übereiltet Euch; er ist der Beste,
Der Edelste, den je die Erde trug.
Ich will nicht ruh'n, bis ich Euch überredet.

Bacon (bei Seite, mit erstickter Wuth).

Auch das noch, Essex, Essex, hüte Dich!

Harriet
(mit einem scheuen Blick auf Bacon, zu Essex).

Mylord, ich bitt' Euch, sprecht mir nicht von ihm,
Es thut mir weh!

Essex.

Nun denn, ein glücklich Zeichen,
Ich hoffe noch —

Harriet.

Das thut mir leid, Graf Essex,
Verzeiht, wenn ich so plötzlich Euch verlasse,
Doch Lady Catharina wartet meiner.

Essex.

Ihr geht, so muß ich, was mir immer schwer fällt,
Denn Abschied von Euch nehmen.

Harriet.
Abschied?

Essex.
Ja.
Ich geh' nach Essexhouse für ein'ge Wochen —

Harriet.
Nach Essexhouse Ihr? Jetzt, im tiefen Winter,
Und Ihre Majestät, wie soll ich's deuten?

Essex.
Es deuten? Durch ein kurz', ein flüchtig Wort,
Euch ist es fremd vielleicht, doch Viele kennen's.
Wer beugte nicht schon unter Frauenlaunen
Sein Haupt! O, Ihr verstehet mich; lebt denn wohl!

Harriet.
Viel Glück auf Euren Weg, Mylord! (Ab).

Essex.
Viel Glück!
Fürwahr, ich könnt' es brauchen, seltsam schwer
Fällt's heute mir, von hier, von Euch zu scheiden.
War das ein Auftritt mit der Königin!
Vor Burleigh und vor all' den andern Lords
Hat sie mich tief beleidigt und erniedrigt.
Des Hochverrath's beschuldigt, und wo möglich
Auch noch der Majestäts-Beleidigung.
Und doppelt heftig tobt ihr grimmer Jähzorn,
Weil sie weiß, daß ihr Beweise fehlen,
Die mich vernichten könnten; nun, sie wäre
In ihrem namenlosen Zorn im Stande,
Verhaften mich zu lassen, könnte sie's,
Und wagte sie es, ohne meine Schuld
Mir zu beweisen. Hol' der Höllenfeind
Doch dieses Irland mir, mit seinen Sümpfen
Und seinem wilden Hochwald voll Barbaren.
Der Zug dahin trägt viele Qual mir ein!

Bacon.
Ich warnt' Euch, Mylord, jenes schwierige Amt
Nicht zu verlangen.

Essex (leicht).
Ja, ich weiß ganz gut,
Nun hast Du wieder recht, so wie gewöhnlich,
Und Essex' tolles Herz ist, wie so oft

Schon, durchgegangen der Vernunft und Weisheit.
Nun muß ich's büßen. O, ich hasse Scenen,
Der Deckmantel für ihre Eifersucht
Ist dieser Feldzug.

Bacon.
Seid Ihr auch gewiß,
Daß sie sich wieder bald besänft'gen werde?
Lord Burleigh hat sehr oft geheimen Zutritt
Bei Ihrer Majestät.

Essex.
Was zweifelst Du?
Mein armer Bacon! Wirst Du wieder tragisch?
Daran, daß sie mir nicht verzeihen könnte,
Dacht' ich noch nie.

Bacon (heftig).
Noch nie! Doch And're denken
Fortwährend d'ran und hoffen auch darauf.

Essex (lächelnd).
Das alte Lied, mich stürzt man nicht so leicht.
(Etwas verlegen, ohne Bacon anzusehen):
Doch was ich sagen wollte, höre, Bacon,
Ich sagte gestern, daß ich trachten würde,
Das Amt des Procurators Dir zu geben,
Das freigeworden ist, Du wünschst es sehr,
Es thut mir leid, Du mußt darauf verzichten!
Elisabeth war heut' erbarmungslos,
Kaum sprach ich Deinen Namen aus, war schon
Sir Robert Grey erwählt für diese Stellung.
Wenn sie einst freundlich wieder mir gesinnt,
Dann soll gewiß Dir etwas Beff'res werden.

Bacon (in furchtbarer Aufregung, bei Seite).
Auch das! Auch das! Die letzte Hoffnung schwindet
Für ihn und auch für mich. Thor, der ich war.

Essex
(der ihn scheu betrachtet, seine Hand fassend).
Komm', blick' so traurig nicht! Es thut mir weh.

Bacon (mit einer tiefen Verbeugung).

Ich denke nicht mehr d'ran, Ihr dürft mir glauben.

Essex (lebhaft).

Das freut mich, Freund; ein ganzer Stein ist mir
Vom Herzen nun. Noch heute brech' ich auf
Nach meinem Schlosse.

Bacon (auffahrend).

      Wie, hat Euch die Fürstin
Sogar verbannt?

Essex (stolz).

Verbannt? Nein, Francis Bacon,
Lord Essex geht, eh' man für nöthig findet,
Ihn geh'n zu heißen. — Sieh', es kam ganz einfach:
Wir wechselten in Burleighs Gegenwart
Nicht allzu sanfte und gemess'ne Worte.
Elisabeth, nun, sie war wieder einmal
Sehr wenig Königin, und sehr viel Weib.
Auch ich bin heftig, und verließ das Zimmer
Eh' sie's gestattet. Botschaft schickt' ich ihr,
Daß ich in Essexhouse auf das Begräbniß
Der neuen Freundschaft, die sie Burleigh weiht,
Und Coke, still warten wolle.

Bacon.

      Guter Gott!
Lord Essex, sagt mir, seid Ihr denn von Sinnen?
Ihr geht und laßt in Eurer Feinde Händen
Der Fürstin nur zu leicht erregtes Herz?
Wenn Ihr auf eines Freundes Stimme hört,
Wenn noch ein Funken der Besonnenheit
In Eurem Herzen glimmt, facht ihn zur Flamme,
Und thut dies nicht, bleibt hier in London, Mylord.
Sucht um Erlaubniß an, zu ihr zu geh'n,
Und bittet um Verzeihung. Folgt mir!

Essex (heftig).
                                  Ich?!
Ich um Verzeihung bitten, für die Launen,
Mit denen sie mich quält?

Bacon.
                    Es sind nicht Launen,
Allein, Mylord, das wißt Ihr nur zu gut,
Es werden Eure Feinde eifrig trachten,
Beweise, Schriften gegen Euch zu sammeln,
Es wird gelingen.

Essex.
Fürchte nichts, Du Träumer.
Ich weiß, daß in Bezug auf Irland wohl
Ich etwas fürchten muß die strengen Richter,
Doch Niemand kennt den Sachverhalt genau,
Als Du und Southampton, mit solchen Freunden,
Da fürcht' ich nichts. Leb' wohl! Kommst Du bald nach?

(Coke in voller Amtstracht der englischen Richter, von zwei Gerichtsdienern gefolgt, öffnet halb die Thüre und beobachtet folgende Szene.)

Bacon
(hält Essex zurück und wirft sich leidenschaftlich vor ihm nieder; verzweiflungsvoll):

Lord Essex! Folgt mir, ich beschwöre Euch,
Bleibt hier in London, bleibt um Euretwillen!

Essex (leichtsinnig).
Du fieberst, Bacon, Deine Arbeit macht
Zu ängstlich Dich; ach! Advokaten sehen
Gefahren ja nur stets, wo keine sind,
Ich reise ab, sofort —
            (Geht auf die Thüre zu.)

Coke
(tritt mit den Dienern ein; ihn aufhaltend, mit lauter Stimme):

Noch nicht, Lord Essex,
Erst folgt mir; hier der Verhaftsbefehl,
Von Ihrer Majestät selbst unterzeichnet!

Essex (zurückwankend).
Was hör' ich? Trug der Hölle!

Bacon (wie rasend auffahrend).

O, ich ahnt' es!
Verhaftsbefehl! Der Hölle und des Himmels
Gewalt'ge Mächte stehen gegen mich,
Und weichen muß ich.

Essex.

Ihr, Ihr mich verhaften,
Sir Edward? War Euch je ein Amt so lieb
Wie dieses? Wohin wollt Ihr mich geleiten?

Coke (kalt).

Zum Tower, Mylord, wollt mir Euer Schwert,
Ich bitt' Euch, geben!

Essex.

In den Tower, und
Mein Schwert, mein gutes, altes, treues Schwert,
Den tapferen Genossen meiner Jugend!
O nein! Erst sagt mir, was der Grund ist, daß
Man mich einkerkern will, wie die Verbrecher.

Coke.

Das ist nicht meines Amt's. Ihr werdet es
Zur rechten Zeit, ich denke, wohl erfahren;
Und folgt mir nun.

Essex (verzweifelnd sein Schwert ziehend).

Nein! nein, und aber nein!

Coke.

So brauche ich Gewalt, die Fürstin will es.
(Winkt den Dienern, die Essex anfassen.)

Bacon (faßt eisern Essex' Arm; mit erstickter Wuth):

Gebt nach, Lord Essex, treibt sie nicht zum Aergsten.

Essex
(sieht ihn starr an und läßt langsam sein Schwert fallen).

Nachgeben, Bacon, Du, Du sagst mir dies?

(Bacon sieht ihn mit wahnsinniger Leidenschaft fest an; Essex langsam nach einer Pause):

Und dennoch hast Du recht, mein kluger Freund,
Ganz recht, man muß nicht gegen Launen kämpfen.
Ich will die schöne Quälerin beschämen,
Nachgiebig sein, bald reut sie dann ihr Spiel.
Ich bin bereit, Sir Edward!

Coke
(streng zu Bacon, der halb sinnlos an der Wand lehnt).

Mit Euch Sir,
Werd' ich in Kurzem auch zu sprechen haben.

Essex (bewegt zu Bacon).

O, sei nicht so erschüttert! Sieh', ich nehme
Von Dir nicht einmal Abschied, theurer Freund,
Ich geh' zu oftmals schon durchkämpftem Streite
Und fecht' ihn aus. Auf frohes Wiedersehen!

(Rasch ab mit Coke. — Lange Pause.)

Letzte Scene.

Bacon

(hat sich vor einem Sessel niedergeworfen, den Kopf in die Hände vergraben. Sich aufrichtend, nach einer Pause in dumpfer Verzweiflung):

Der Würfel fiel; ich blinder Thor, weh' mir!
Der sein Geschick an einen Günstling knüpfte,
Den nur die Huld Elisabeths erhält.
Die Huld Elisabeths! Das war mein Fehler,
Daß ich beim ersten Eintritt in die Welt
Nicht nach dem Höchsten, Ersten gleich gegriffen.
Nun geht mein Pfad durch Finsterniß und Schmach.
Schmach! Eitles Wort! Für Träumer nur geschaffen,
Was, Schmach? Bin ich darum, weil er mich einst
Befreit aus Burleighs Hand, ihm bis zum Tode
Verpflichtet? Muß ich stürzen, weil er stürzt?
Dann hat er mir ja weniger als nichts
Gethan, wenn ich verderben muß durch ihn,
Aus Dankbarkeit? Du hohles, todtes Wort!
Für den, dem die Natur den Genius gab.

Zu schaffen und die Menschheit zu beherrschen,
Gibt's dieses Wort nicht, denn er ist ein König,
Die Andern sind geboren, Unterthanen
Nur ihm zu sein, ihn auf den Thron zu heben,
Der ihm gebührt. Auch Essex war ein Werkzeug
Nur der Natur, um meiner einst'gen Größe,
Um mir den Weg zu bahnen durch die Welt.
Er ist mir nichts. Ich lache Deiner Lehren,
Scheinheiliges Gesetz, das sich der Mensch
Erschuf, um thöricht selber sich zu blenden.
Essex erretten! Könnt' ich's? wenn ich's könnte!
Nein, nimmermehr! Denn ich bin mehr als müd',
Der Zweite stets zu sein und stets zu dienen.
Und Harriet, Harriet muß mein Eigen werden,
Und bald mit Essex fällt auch Southampton,
Der Einzige, der mir mein Glück gefährdet.
(Er sieht sich um, dann Schriften hervorziehend):
Die Briefe, die aus Irland mir Graf Essex
Geheim geschrieben, seine einst'gen Pläne
Der Rebellion, die er mir anvertraute,
Hier sind sie, hier, Burleigh! Du kennst mich gut,
Er glaubt, daß ich sie längst vernichtet habe,
Du weißt, daß ich bei mir sie aufbewahrt.
(Zusammenschaudernd):
Was zitterst Du, Du schwanke, feige Hand,
Hab' ich nicht lang gekämpft und schwer und rechtlich?
Hab' ich mit seiner Thorheit nicht gestritten?
Wollt' ich nicht retten? Alles war vergebens.
So kämpf' ich für mich selbst im letzten Streit.
Haus Cecil, das zwei Opfer sich erkoren,
Das höhnt und jubelt. Freu' Dich nicht zu früh!
Um ein's der Opfer wirst Du doch betrogen,
Wer weiß, um das Erwünschtere vielleicht.
(Er setzt sich und schreibt, laut vor sich hinsprechend):
„An Ihre Majestät, die Königin.
„Ein Mann, den lange Ihr für falsch gehalten,
„Doch der Euch trotzdem treu ergeben ist,
„Fleht dringend um Erlaubniß, Euch zu sprechen,
„Allein womöglich. Wicht'ge Schriften bringt er,

„Die über Mylord Essex' Thun in Irland
„Euch Aufschluß geben."
     (Die Feder hinwerfend):
Nun ist es vollbracht!
Auf Deine Größe, Menschheit, hab' vertrauend
Ich durch Jahrzehnte schon umsonst gebaut.
Jetzt baue ich auf Deine Leidenschaften,
Auf Zorn und Haß, auf Neid und Launen nur,
Und siegen werd' ich sicher, o, ich fühl' es.
Ein großer Geist, ein Staatsmann kann ich sein,
Wenn ich Gefühl und Herz erst ganz begraben.
Die Fähigkeit dazu, ich habe sie.
Und soll als Mensch Euch Bacon klein sich zeigen,
Vor seinem Genius müßt Ihr doch Euch beugen! (Ab.)

Ende des ersten Actes.

Zweiter Act.

(Spielt vier Wochen später.)

Die große Gerichtshalle in Westminsterhall. Rechts ein erhöhter Sitz, von acht niederen Sitzen umgeben, daneben der Platz des Vertheidigers, diesem gerade gegenüber der des öffentlichen Anklägers. Einige gewöhnliche Sitze und Stühle für die Gefangenen. Der Hintergrund eine Gallerie, die sich langsam mit Zuschauern füllt.

Erster Auftritt.

Die acht Richter des Obersten Gerichtshofes stehen beim Aufgehen des Vorhanges in Gruppen im Gespräch umher. Im Vordergrund: Coke in Amtstracht, Mildmay, Norton und Walsingham.

Coke.

Sagt selbst, Mylords, ist es nicht unerhört,
Was sich im Laufe von vier kurzen Wochen
Hier zugetragen? Essex, der Allmächt'ge,
Gestürzt, und Southampton im finst'ren Tower,
Von unbekannter Hand Papiere, Briefe,
Gewicht'ge Zeugen seines Hochverrathes,
Der Königin geliefert, eine Schrift
Von ganz unglaublich geistvoll wicht'gem Inhalt
Im Volk verbreitet, eine Schrift, die scharf
Und die gefährlich gegen Essex spricht,
Der Autor unbekannt, die Königin,
Die sonst so rasch es zu bereuen pflegte,
Wenn ihrem Günstling Strenge sie gezeigt,
Erbarmungslos und taub für jeden Rath,
Fremd gegen alle einstigen Vertrauten,
Und wie wir gestern mit Entsetzen staunend
Entdecken, eingeschlossen stundenlang
Mit dem einst so verhaßten — —

Mildmay.

Francis Bacon,
Das setzet Allem, was wir schon erlebten,
Die Krone auf. Es war ein hübsches Bild,
Fürwahr, wie sie uns, altbewährte Räthe,

Tagein tagaus vergebens warten ließ
Im Vorsaal stundenlang auf ihr Erscheinen,
Und wie dann gestern nach so langem Harren,
Daß Burleigh fast vor Zorn sich nicht mehr kannte,
Aus ihren Zimmern Francis Bacon trat,
So sicher, mit so übermüth'gem Lächeln,
Als hätte seines Meisters Rolle er
Bei ihr zu spielen plötzlich übernommen.

Norton.

Saht Ihr's? Der Kanzler war vor Schrecken stumm
Und wußte Antwort kaum, als ihm der Anwalt
Den Auftrag brachte Ihrer Majestät,
Daß über Tod und Leben der Gefang'nen
Zu Rathe sitze heute das Gericht.

Walsingham.

Wie seltsam, daß das Vorgeh'n gegen Essex
Trotz Bacons Einfluß auf die Königin
Noch schärfer ward und nur noch rücksichtsloser.

Coke.

Mylords, es gehen selt'ne Dinge vor.
Wißt Ihr, daß es noch völlig unbekannt,
Wer von den geschwor'nen drei Kronanwälten,
Den öffentlichen Klägern, gegen Essex
In Thätigkeit heut' tritt? Es hängt so viel
Davon doch ab: Tod oder Rettung der
Gefangenen. Wie solch' Geheimniß deuten?

Norton.

Und wie es deuten, daß der Kanzler plötzlich
So ganz in Ungnade gefallen ist?
Er, der Allmächt'ge.

Coke.

    Nun mich dünkt, er wird
Doch auch schon alt. Es kommen neue Sterne.

Walsingham.
Seht Bacon an! Der weiß es, wie man's macht,
Sich Einfluß zu verschaffen. Das, wodurch
Wir ihn zu stürzen glaubten, es erhob ihn!

Mildmay.
O, wüßt' ich nur, wodurch die Königin
Er sich gewann!

Coke (ernst und finster).
Sir Walter, durch nichts Gutes.
Die Fürstin konnte Bacon nur versöhnen,
Indem er jeglicher Gemeinschaft sich
Mit Essex losgesagt und ferne bleibt
Der Angelegenheit.

Norton.
Nun, er hat recht.
Wenn das genügte, soll's mich herzlich freuen.
Er zieht den Kopf bei Zeiten aus der Schlinge.

Walsingham.
Schön ist's zwar nicht, doch klug. Zum großen Mann
Wird er nun werden.

Coke.
Ei, wer kann das wissen.
Der Kanzler — still! —

Burleigh
(prachtvoll gekleidet, aber bleich und sorgenvoll. Alle verneigen sich tief. Nachdem er
Alle forschend der Reihe nach angesehen):
Seid mir gegrüßt, Mylords.
(Coke bei Seite ziehend):
Weiß man noch nichts?

Coke.
Nicht das Geringste, Mylord,
Im Gegentheil, wir hofften, daß uns Ihr
Die Nachricht brächtet, wem die Königin
Das Amt des Klägers heute übertragen.

O, unverantwortlich ist ein solch' Geheimniß,
Wo so viel Wicht'ges davon abhängt doch.

Burleigh.

Ich habe Essex' Sturz einst sehr gewünscht,
Nicht bloß, Ihr wißt es wohl, um seinetwillen,
Nein, wegen eines Andern noch viel mehr.
Und dieser And're muß mich überlisten!
Mich, mich! o, Tag und Nacht hab ich gewacht,
Mit ihm gekämpft mit allen Waffen der
Erfahrung und des Geistes. Ew'ger Himmel!
Und er besiegt mich doch. Er ist und bleibt
Der böse Geist auf meinem Lebenswege.

(Bei Seite tretend, sehr bewegt):

Ein neuer Stern geht auf an Deinem Himmel,
Elisabeth, an diesem Himmel, wo
So viele glänzten schon und rasch erblichen!
Was ist der Zauber, der Dich ihm gewann?
O wankelmüthig Weib, das seine Freunde
Bei Seite wirft, sobald es ihrer müd'!
Ich sage, hüte Dich. Sonst spielest Du
Mit Deiner Laune neu erkor'nen Freunden.
Er aber ist gemacht, mit Dir zu spielen,
Und Deinen Meister findest Du an ihm,
Nicht Sklaven, wie Du stets in uns gefunden.

(Eine große Glocke schlägt dreimal an.)

Coke (besteigt den Platz des Oberrichters).

An Eure Plätze, Lords und Gentlemen!
Es naht der Kronanwalt, den sich geheim
Für diesmal selbst die Königin erwählte.

Burleigh.

Erfahren wir denn endlich, wer es ist,
Der aufgestellt ward, Essex zum Verderben.

Zweiter Auftritt.

Von links zwei Diener mit Büchern, hinter ihnen tritt Francis B a c o n ein, ganz schwarz gekleidet. Sein Gesicht ist farblos, sein Gang schwankend, unsicher. Er verbeugt sich, ohne aufzusehen. Furchtbare Bewegung auf der Galerie. C o k e und alle Richter springen auf, ein Murmeln läuft durch die Versammlung. B a c o n besteigt seinen Sitz, dem Mildmay's, des Vertheidigers, gegenüber, der ihn wie geblendet anstarrt.

Gerichtsdiener (mit lauter Stimme lesend).

Sir Francis Bacon, Königsadvocat,
Ernannt auf eig'nen Wunsch, und auf Befehl
Der Königin, zum Ankläger der beiden
Gefangenen. (Große Bewegung.)

Mildmay (zurückwankend).
Was hör ich!

Coke.
Guter Gott!

Burleigh (wie wahnsinnig aufspringend).
Bin ich von Sinnen?

Coke.
Faßt Euch, Mylord, faßt Euch!

Burleigh.
Sagt mir, ob Ihr es faßt, ob Ihr's begreift,
Das Widersinnige, das Ungeheu're.
(Wankenden Schritt's auf Bacon zueilend).
Ihn muß ich fragen! Francis Bacon, höre!

Bacon (langsam vom Buche aufsehend.)
Wer ruft mich?

Burleigh.
Steh' mir Rede, oder willst
Du, daß ich laut Dich frage hier vor Allen,
Wie groß der Preis ist, für den Deine Ehre
Und Deines Hauses Ehre Du verkauft?

Bacon (steht auf, kalt und ruhig).

Vergebt, Lord Kanzler! Ich versteh' Euch nicht.

Burleigh (immer heftiger, leise).

Hab' Mitleid, Bacon, wenn nicht mit Dir selbst,
Mit mir, mit Deiner Anverwandten Ehre.

Bacon.

Mylord, ich habe keine Anverwandten;
Wie ich mein Herz nach ihnen auch befrage,
Es schweigt. Ich hab' nach Freunden einst gesucht
In dunklen Stunden; wenn ich welche hatte,
Seltsam genug, sie blieben grabesstumm
Und grabeskalt, ich hab' sie nie gefunden.
Und Ehre? O, es ist ein seltsam Wort;
Für Euch, Ihr Großen, Mächt'gen dieser Erde,
So dehnbar, doch für uns, die arm und niedrig,
So klein, so rasch verloren! Nun ich will
Nach Eurer Art auf Euren Thron mich heben
Und mit der Menschheit spielen, so wie Ihr.

(Er wendet sich ab. Burleigh, die Hände vor das Gesicht schlagend, kehrt auf seinen Platz zurück.)

Coke (aufstehend).

Sind die Berufnen alle hier versammelt?

Norton.

Vollzählig, Mylord Oberrichter.

Coke.

Gut.
Im Namen Ihrer Majestät der Königin
Eröffne ich die Sitzung des Gerichtes,
Das über zweier Staatsverräther Leben
Und Tod entscheidet; holt nun die Gefang'nen.

(Zwei Gerichtsdiener ab, kommen nach kurzer Zeit zurück mit Essex und Southampton; beide, schwarz gekleidet, nehmen ohne aufzusehen ihren Platz ein.)

Coke (mit lauter Stimme).

Lord Robert Essex, Henry Southampton,
Erscheinet hier vor des Gerichtes Schranken;

Sucht Euch zu reinigen von der schweren Schmach,
Der Ihr beschuldigt seid.

Essex (auffahrend).

Lord Oberrichter!

Coke.

Verzeiht, hier ist Sir Walter Mildmay, der
Zu Euerer Vertheidigung sich erboten.
Hier ist der Kronanwalt, Sir Francis Bacon.

Essex
(heftig auf Bacon zugehend, der blaß und stumm dasitzt).

O endlich; wie ein Stern am Wetterhimmel
Taucht in dem dunklen Kreise meiner Feinde
Mir ein geliebt', ein freundes Antlitz auf.

Coke.

Graf Essex!

Essex.

Laßt mich reden! Und sind's auch
Nur wen'ge Worte, sie sind doch ein Trost.
O, Bacon, mein Genoss' aus schönen Tagen,
Du trittst entgegen glückverheißend mir,
O, glaube mir, ich hab' auf Dich gewartet
In meinem finstern Kerker tagelang.
Du kamst nicht, senke traurig nicht den Blick,
Es soll kein Vorwurf sein; ich weiß, Du sorgtest
Dich sehr um mich, Du gingst zur Königin.

Coke.

Genug, Mylord, laßt mich zu Ende reden.
Sir Francis Bacon nahm aus freiem Willen
Die Stelle hier des Königsadvocaten;
Als Euren Ankläger seht Ihr ihn hier.

Essex
(sieht Bacon einen Augenblick erstaunt an).

Mein Ankläger? Zu hindern, daß ein And'rer
Die Stelle nimmt und schlecht mit mir verfährt,
Hast Du's gethan?

Coke (mit lauter Stimme).

Mylords, an Eure Plätze!
Sir Kronanwalt, verlest den Klageact.

Bacon (liest mit schwankender Stimme).

Lord Robert Essex und Lord Southampton,
Peers unf'res Reichs, sind schwerer Schuld bezichtigt.
Der erst're hat das wicht'ge hohe Amt,
Das seiner Fürstin Gnade ihm verliehen,
Schändlich mißbraucht, den anvertrauten Posten
In Irland jäh verlassen, Rebellion
Gestiftet und in Briefen sich geäußert,
Er wolle durch Gewalt die Königin
Von England zwingen, ihre Hand ihm selbst
Zu reichen. Hochverrath hat er ersonnen.
Der Earl von Southampton ist angeklagt,
Mitwissender zu sein der schwarzen Pläne
Des Grafen Robert Essex, seines Freundes.

(Er setzt sich nieder.)

Essex (bei Seite).

Wie seltsam klingen mir aus Bacons Mund
Die harten Worte.

Coke.

Robert Graf von Essex,
Vernehmt: bewiesen schon ist Eure Schuld
Und dergestalt, daß ohne jedem Zögern
Und ungehört wir Euch verdammen könnten.
Doch streng gerecht ist unf'res Reich's Justiz.
Vertheidigt Euch. Ihr wißt es, Ihr seid schuldig,
Inmitten schrecklich drohender Gefahr
Den fest Euch anvertrauten Platz in Irland
Gefloh'n zu haben. Sagt uns nun, warum!

Essex.

Lord Oberrichter, warum ich's gethan,
Hab' ich bereits in deutlich klaren Worten
Erklärt der Königin Elisabeth.

Nicht zweimal pflegt sich Essex zu entschuld'gen,
Wo er nicht Tadel, sondern Lob verdiente!
Geht über diesen Punkt hinweg.

Coke.
Mylord,
Durch Euer eig'nes Wort nennt Ihr Euch strafbar,
Beraubt Euch jeglicher Entschuldigung.
Zum zweiten Punkt.
(Er nimmt Papiere in die Hand.)
Die Echtheit dieser Briefe,
Die man bei Henry Southampton gefunden,
Wird angezweifelt.
(Zu den Richtern gewendet):
Sagt mir doch, Mylords,
Hat keiner von Euch, der den Auftrag hatte
Herauszufinden, ob die Schriften echt
Und giltig seien, die Wahrheit aufgefunden?
(Alle schweigen.)
Nicht Einer von Euch? Dies erschwert die Sache,
Denn hier sind Pläne off'ner Rebellion,
Von Essex scheint's an Southampton geschrieben,
Die Schrift ist wohl die seine, doch es fehlt
Sein Name, den er stets sonst unterzeichnet,
Und wer, ich frag' es rathlos, wer beweist,
Daß er sie schrieb, uns?

Bacon (aufstehend, mit lauter Stimme).
Ich, Lord Oberrichter!
(Große Bewegung auf der Galerie und unter den Richtern. Während des folgenden Auftrittes erscheint unbemerkt Harriet mit einer Begleiterin und nimmt die vorderen Sitze der Galerie ein.)

Coke
(der heftig zusammengezuckt ist, sich zu Bacon wendend).
Ihr? Ihr? Sir Francis, sprecht, was wollt Ihr sagen?

Bacon (kalt und finster).
Ich kann beweisen, daß Graf Essex schuldig!

Essex (auffahrend).
Was hör' ich?

Coke.

Wie, Ihr wollt dies?

Bacon.

Ja!

Coke
(der ihn in tödtlichem Schrecken anstarrt, während Burleigh aufgestanden ist und Bacon athemlos anstarrt).

So sprecht! (Pause.)

Bacon
(steht auf, indem er starr vor sich niederblickt, laut und hart).

Entsinnt Ihr Euch der Schrift, die vor zwei Wochen
Erschien auf Ihrer Majestät Befehl,
Die eines Hochverräthers schwarze Pläne
Entlarvte? Gentleman, der diese Schrift
Verfaßt, so sagtet Ihr und sagte man im Volke,
Muß Essex kennen, kennen wie sich selbst. —
Ihr hattet recht, denn der dies Werk geschrieben,
Steht hier vor Euch.

(Wilde Bewegung unter den Richtern.)

Burleigh (aufschreiend).

Du, Francis Bacon, Du?

(Essex macht athemlos einige Schritte vorwärts und zeigt durch seine Bewegung an, daß er nicht recht versteht.)

Bacon (immer lauter und heftiger).

Ich schrieb dies Buch! Der sieben Jahre lang
In jenes Mannes eherne Gewalt
Gegeben war, gefesselt von den Ketten
Der Dankbarkeit, der ich bethört zum Werkzeug
Mich hingab, seiner Pläne, ach, nicht ahnend,
Daß in den Abgrund er mich reißen wollte;
Der blindlings treu sein Knecht, sein Sklave war
Lang, lang, bis zum entsetzlichsten Erwachen.

Essex (wie rasend auf ihn losstürzend).

Du lügst, Du lügst, sag' ich!

Southampton (in dumpfer Verzweiflung).

Ich sah es kommen.

Coke.
Zurück, Lord Essex, faßt Euch!

Essex (wie wahnsinnig).
                    Fassen, fassen!
Sagt, seid Ihr Menschen, pocht in Eurer Brust
Ein Herz, klopft warmes Blut Euch in den Adern,
Daß Ihr von Fassung sprecht, wo sich dem Auge,
Das einen Himmel morgenklar geschaut,
Aufthut der Hölle Schlund mit allen Schaudern?
Du schriebst dies nicht, Du bist von Sinnen, sag' ich!
O! glaubt ihm nicht!

Coke (streng).
Faßt Euch! Zum letztenmal,
Wenn Ihr nicht wollt, daß wir Euch fesseln müssen.
Sir Kronanwalt, sprecht weiter nun!

Essex (erschöpft auf seinen Sitz zurücksinkend).
            Ja, weiter.

Coke.
Sir Kronanwalt, Ihr also schriebt dies Buch?
So sagt mir nun, auf welche Documente
Habt die Beschuldigungen Ihr gegründet,
Die es enthält?

Bacon
(indem er ihm ein Packet Briefe übergibt).
                Mylord, auf diese hier!

Coke
(indem er ihm die Briefe hastig aus der Hand reißt und sie rasch durchsieht).
Was seh' ich! Essex' Briefe hier an Bacon?
Und voll mit seinem Namen unterschrieben!
Ein Plan zur Sammlung eines Heer's in Irland,
Aufruhr der Londoner Gentry und des Volks,
Ein Blatt geheimer Hetzschriften, die Bacon
Veröffentlichen sollte in der Stille
Gen Ihre Majestät! O, ew'ger Gott!

(In furchtbarer Aufregung zu den Richtern):

Mylords, die Sache ist bereits entschieden,
Southamptons Briefe ohne Unterschrift,
Sie sind die Skizzen nur verruchter Pläne,
Die gegen uns Graf Essex führt' im Schild.
O, doppelt, dreifach ist Lord Essex schuldig.

Burleigh
(bei Seite, indem er auf seinen Stuhl zurücksinkt).

Und Francis Bacon ist's, der dies beweist.

(Im Auditorium herrscht große Bewegung.)

Essex
(ist aufgestanden und kommt schwankend vorwärts mit entstelltem Angesicht).

Ihr, die Ihr um mich steht, o sagt mir, träum' ich?
Gibt's Träume denn, die so am Herzen reißen?
Wie? Oder lauert schon der schwarze Dämon
Des Wahnsinns in zerriss'ner Seele mir?

(Von Southampton unterstützt, schwankt er wieder auf seinen Sitz zurück.)

Coke (sich mühsam fassend).

Sir Kronanwalt, sprecht, was hat Euch vermocht,
So lange diese Briefe, deren Inhalt
Euch, wie Graf Essex, hochgefährlich ist,
Aufzubewahren?

Bacon (kalt und ruhig).

Wenig Werth hab' ich,
Mylord, auf diese Schriften stets gelegt,
Ich, meiner Königin getreu'ster Diener.
Für Ausfluß seiner üblen Laune nur
Und seines überschäumend hitz'gen Geistes
Hab' diese Briefe immer ich gehalten,
So schnell vergessen als geschrieben auch.
Er selber hat die Augen mir geöffnet,
Kurz ehe er von Euch verhaftet wurde,
Und furchtbar wachte mein Gewissen auf,
Als ich entdeckt, daß, wider meinen Willen
Zwar, doch nur um so leichter, um so sich'rer
Auf des Verbrechens Pfad er mich geführt.

(Harriet im Hintergrunde hat sich erhoben, steht athemlos vorgebeugt, den Blick starr auf Bacon gerichtet, der, unter athemlosem Schweigen des Auditoriums starr vor sich hinblickend, fortfährt):

Ja, er ist schuldig, Gentlemen, er ist es,
Undankbar, o ich weiß es, muß es scheinen,
Daß ich es sage, der ihm viel verdankt.
Allein, Gott weiß, es hat so kommen müssen,
Mit off'ner Stirne steh ich nun vor Euch,
Lord Robert Essex, und ich sage Euch,
Wie es geworden, hat es werden müssen!
Auf meinen Knie'n bin ich vor Euch gelegen
Und habe Euch gebeten und gewarnt!
Ihr aber hörtet nicht. Ihr gingt den Weg,
Der Euch in's blut'ge Verderben führet.

Mildmay (steht auf, scharf):
Vergönnt nun mir ein Wort, Ihr edlen Lords
(zu Essex mit einer Verbeugung):
Und Ihr, Mylord, vergebt, daß ich nicht früher
Gesprochen, doch das Vorgeh'n Francis Bacons
Hat Fassung mir und Sammlung fast geraubt.
Nun aber sag' ich: Unerhört, unwürdig
Habt Ihr gehandelt, Lords, in dieser Sache.
Zwei Männer stehen hier, des Hochverraths
Beschuldigt, und ein dritter, der, ich glaube,
Genau so strafbar ist als Southampton,
Denn er auch wußte um Lord Essex' Pläne,
Hält über sie Gericht, verräth sie offen,
Und Ihr ermuthigt solche Niedertracht
Nur, um Beweise einer Schuld zu finden,
Die nie begangen, kaum geplant noch war.
Wer sagt Euch, daß es nicht ist, wie Sir Francis
Geglaubt, daß Essex nicht in Zorn und Groll
Vertrauensvoll nur in des Freundes Herz
Ausgoß sein Leid, in flüchtiger Erregung
Tollkühne Pläne machte, die er dann
Am nächsten Tag wohl längst vergessen hatte!
Schlecht wurde er behandelt, arg gereizt
Von Hof und Parlament. Ich leugne nicht,
Daß Fehler er und Uebertretungen

Wohl gegen Ihre Majestät begangen,
Allein des Todes nicht ist Essex schuldig!
Und schuldlos ist der Earl von Southampton,
Wenn Bacon schuldlos! Dies meine Meinung.
(Bewegung unter der Menge.)

Walsingham (erhebt sich).
Leid thut es mir, Euch hier zu widersprechen,
Sir Walter. Doch Ihr irrt. Der Kronanwalt
Hat sich durch Uebergabe jener Briefe
Von dem Verdacht der Mitschuld ganz gereinigt,
Doch Henry Southampton gab nur gezwungen
Die Briefe ab, die Essex an ihn schrieb.

Mildmay.
Ich hab' gesprochen, Sir. Noch einmal sag' ich
Und bleibe fest dabei, des Todes nicht
Ist Robert Essex schuldig.

Bacon (aufstehend, mit starker Stimme).
Ja, er ist es!
Er ist des Todes schuldig, denn was wollt' er?
Empörung, Bürgerkrieg, Ihr wißt es wohl!
Ihm bracht' ein liebend', schrankenlos Vertrauen
Entgegen huldreich seine Königin.
Sie hat ihn überhäuft mit Glanz und Pracht,
Auf ihn gebaut, als wie auf einen Bruder,
Der ihr der Krone Last soll tragen helfen.
Und er! Mißbraucht hat er die rührende,
Die liebende Geduld der Frau, der Fürstin,
Verlassen einen anvertrauten Posten,
Treulos den heil'gen Pflichten seines Amts.
Ich spreche nicht davon, wie er Euch drückte,
In Londons fleiß'ges, heit'res, treues Volk
Wollt er den Zunder werfen, der die Flamme
Der Rebellion entfacht und Mord und Brand.

Essex (mit erstickter Wuth).
Schön setzest Du die Worte, Francis Bacon,
Nie hätt' so viel Talent, bei Gott, ich wohl

Mir zugetraut, mir meinen eig'nen Henker
So zu erziehen! Eins aber sagst Du nicht:
Wie ich gereizt, erniedrigt worden bin
Von Dir, Du übermüth'ger Adel Englands!
Wie meiner Fürstin Ohr vergiftet ward
Durch Deinen Lug und Trug, daß sie mich schmähte,
Als wär' ein Schurke ich und ein Verbrecher.
Wie meinen Mannesstolz und meine Ehre
Mit Füßen sie getreten, sagst Du nicht!
(In furchtbarem Schmerze):
O Gott! Warum hab' ich nicht sterben können,
Eh' ich der Menschheit ganze Niedertracht,
Den eklen Bodensatz des goldnen Bechers
Zu Neige ausgeleert! Weh' mir! weh' mir!
(Sich mühsam fassend):
Ich wollte nicht das Volk zum Aufruhr reizen,
Nur meine Klagen drangen an sein Ohr.
Gerechtigkeit nur wollte ich erlangen.

Bacon
(dessen Gereiztheit furchtbar auszubrechen beginnt).

Gerechtigkeit! Graf Essex, o, mich dünkt,
Es glich doch Euer Thun in dieser Sache
Dem allzusehr des griechischen Rebellen
Peisistratos: er wünschte zu regieren,
Tyrannis war sein Ziel! Da ließ er sich
Von seinem Sklaven geißeln und verwunden
Und kam dann klagend zur Versammlung hin
Des Volks: es hätten ihm die Dorier
Also gemartert! O, auch er verstand
Die Volkswuth im Sturme zu entfesseln,
Und dann durch sie zu kommen an sein Ziel!
Nein, Robert Essex, Du bist dreifach schuldig.
Ich sag' es laut vor Allen.

Harriet
(die, hochaufgerichtet, athemlos zugehört und durch ihre Bewegungen anzeigt, welch'
schrecklichen Eindruck die Scene auf sie macht, stößt einen lauten Schrei aus).

Francis! Francis!
(Sie stürzt ohnmächtig zusammen; große Bewegung unter den Anwesenden.)

Bacon (stockt und wankt zurück).

Harriet, o Gott!

Burleigh.

Oh, seht, sie wankt und stürzt.

Mildmay.

Ich muß zu ihr!

(Er eilt auf die Galerie, Harriet wird hinausgebracht. — Pause.)

Coke.

Sir Kronanwalt, sprecht weiter!

Bacon

(der wie gelähmt dastand, fährt auf, sieht sich dann um; mit schwankender Stimme):

Sprecht über ihn das „Schuldig" aus, Ihr Lords!
Ein Henry Guise hat einst im fernen Frankreich
Denselben Plan gehegt, die Folgen kennt Ihr.
Wir griffen ein zum Glück zur rechten Zeit,
D'rum, England, juble auf! Befreit ja ist
Dein Volk von rauhen Bürgerkriegs Verheerung,
Und sicher wieder Deine Königin.
Auch Ihr wär' fast ein Henry Guise erstanden.

(Er steigt von seinem Sitze.)

Coke (steht auf).

Die Sitzung ist geschlossen, die acht Richter
Begeben sich in den geheimen Saal,
Das Urtheil nun zu fällen. Die Gefang'nen
Erwarten hier die Rückkehr, streng bewacht.
Ich muß sofort zur Königin,
Ihr zu berichten, was sich zugetragen.

(Er geht ab, gefolgt von den Richtern. Zurück auf der Bühne bleiben die Gefangenen (theilnahmslos auf ihren Plätzen. Bacon, an seinen Platz gelehnt, starrt vor sich hin.)

Burleigh

(geht einigemal über die Bühne, bleibt dann vor Bacon stehen, sieht ihn einige Augenblicke fest an, und da dieser sich nicht rührt, mit unterdrückter, aber furchtbarer Leidenschaft):

Das also war Dein Plan? Nun, aus den Zügen
Des todten Freundes, hohl und leichenhaft,
Grinst bald Dein Sieg Dich an; das denn ist Bacon!
Die schöne, hocherhab'ne Maske fiel.

Und grell und gräßlich liegt vor meinen Blicken
Die graue Wüste Deines Herzens da.

Bacon
(richtet sich langsam auf und sieht ihn lange mit einem gewaltigen Blick an. — Nach einer Pause):

Ha, Burleigh, dies wagst Du, Du mir zu sagen
Mit kecker Stirn? Entrüstet, ganz verhüllt
In Deiner Tugend sittenstreng Gewand?
O, Elender! Wer von uns beiden ist
Der schlechtere und wer der größte Heuchler?
(Vorkommend):
Ja ja, ich that, was hundert And're nicht
Gethan, den alten heil'gen Satzungen
Hab' ich getrotzt, der Ehre, der Moral,
Ich läugn' es nicht, o armer, armer Burleigh,
Betrogen um das göttlich schöne Schauspiel,
Wie zu den Füßen Essex' am Schaffot
Der treue Bacon sich im Tode windet.
Du bist mich noch nicht los, noch lange nicht!
Ihr sollt noch öfters über Bacon staunen.
(Burleighs Hand eisern fassend):
Wie? Eine Wüste sagst Du, sei mein Herz?
Ja, eine Wüste! Doch wer hat die Keime,
Die drinnen einst geruht, mit rauher Hand
Erstickt? Wer hat die heil'gen Flammen mir
Verlöscht im Herzen? Die Begeisterung,
Den Glauben, das Vertrauen und — die Liebe?
Die Liebe? Nein! An die reicht Eure Macht
Ja nicht heran; die göttliche, die hehre
Ist mir geblieben, winkt mir süßen Lohn!
(Die acht Richter kommen zurück.)

Erster Richter
(ein großes, mit Siegeln versehenes Pergament entfaltend, liest):

Nach reiflicher Erwägung ist das Urtheil
Gesprochen: Robert Essex' Haupt, es fällt
Ob Hochverrath's im Laufe von drei Tagen
Durch Henkersbeil; und Henry Southampton

Büßt ab im Tower seine schwere Mitschuld.
Unwiderruflich ist und bleibt der Spruch!

(Soldaten treten ein und nähern sich den Gefangenen. Auf der Galerie erheben sich alle Anwesenden. Die Richter bilden in der Mitte einen Halbkreis. Bacon steht neben Burleigh, der das Gesicht in den Händen verhüllt.)

Essex
(steht auf und kommt vorwärts; kalt und ruhig):

Gerichtet! Sei's denn! Grimmer Hohn des Schicksals,
Mich stürzen meine schlimmen Thaten nicht,
Die eine gute, die ich je begangen,
Die gute, eines Menschen Glück zu gründen,
Stürzt mich in's Grab und bringt mich auf's Schaffot!
Wohlan! Ich muß Dir, Francis Bacon, weichen.
Doch wird mein Fluch Dich einstmals noch erreichen;
Bei dem, was Dir am theuersten auf Erden,
Sollst Du gestraft für Deinen Treubruch werden.

Ende des zweiten Actes.

Dritter Act.

(Spielt acht Tage später.)

Westminsterhall. Ein elegantes Zimmer, im Hintergrunde eine schmale Galerie.

Erster Auftritt.

Mildmay. Walsingham.

Mildmay (eintretend).

Ich faß' es kaum! O Gott! Solch eine Last
Mehr als erschütternder Ereignisse,
Im kurzen, engen Zeitraum von acht Tagen.
Sie ist zu viel für ein ermattet Herz.
Lord Essex todt! Und todt durch Henkershand!
Im Kerker Southampton, der edle, treue!
Ist das genug nicht, und Ihr bringt noch mehr!

Walsingham.

Ganz recht. Wißt Ihr auch, wem im Parlament
Der Sitz des letzteren gegeben wurde?
An ihn, der seit dem schaudervollen Tage
Des unglücklichen Gerichts verborgen
Vor uns geblieben war. Auf's neue taucht
Die blasse Schreckgestalt nun vor uns auf,
Unheilverkündend, drohend einzuernten,
Was schmachvoll sie gesäet. Der Kronanwalt,
Sir Francis Bacon, steht jetzt an dem Platze
Southamptons, und Lord Burleigh, Sir, versteht
Ihr mich auch recht, Lord Burleigh, er, der Kanzler,
Zieht auf sein Gut urplötzlich sich zurück.
Er hat das Siegel schon zurückgegeben,
Sir, in die Hände Ihrer Majestät;
Sie ließ ihn ziehen ohne Widerstand,
Man sagt sogar, sie hätt' mit zarten Worten
Zurückzutreten selber ihm bedeutet.
Von London ist er gestern abgereist,

Sein Platz ist unbesetzt noch. Große Spannung
Erfüllt die Stadt, wer dieses wicht'ge Amt
Erhalten soll.

Mildmay.

Nur Trübes muß ich hören!
Auch mich seht Ihr gebeugt von Mißgeschick!
Ihr wißt ja, Lady Harriets Bruder starb
Im fernen Indien an dem hitz'gen Fieber,
Das wild dort wüthet. Gestern kam die Nachricht,
Die sie zur reichsten Erbin macht in England.
Es hat die Königin als Lady sie
Im eig'nen Recht erkannt, und will so lang'
Sie in Westminsterhall als Ehrendame
Behalten, bis sie einen Gatten sich erwählt.

Walsingham.

Dies währt wohl nicht mehr lang. Glückseel'ger Bacon!
Dem nun mit vollen Händen in den Schoß
Das Glück die Gaben streut, die lang versagten.
Bei Gott, ich gönn' ihm nicht die holde Braut,
Die Euch weit mehr, mein Freund, als ihm gebührte!
Ich seh' Euch bleich seit lang und kummervoll,
O, tragt mit Kraft die Qualen der Entsagung!

Mildmay.

Entsagung? Uebt' ich sie nicht schon seit Jahren?
Denn, war ich einst so thöricht, hier im Herzen
Tollkühnen, eitlen Träumen Raum zu geben,
An sie zu denken, ich, ein Mann, der schon
Des Lebens heißen Mittag überschritten,
Ihr Vormund einstmals, ach, ihr Vater fast, —
Aus meiner Brust hab' ich den Traum gerissen,
Schon als ich sah, wem ihre Neigung ward.
Ich hab' sie wachsen sehen, diese Liebe,
In ihrer und in Francis Bacons Brust,
Und nie gedacht zu kämpfen gegen sie,
Ach, bis vor Kurzem; doch nun schaudert's mich,
Soll diese Rose Winterfrost zerknicken?

An eines Bacons eis'gem Herzen ist
Kein Platz für sie, die zarte Frühlingsblüthe.
Doch ach! Sie liebt ihn, und sie wird, ich fühl's,
O Gott, an seiner Seite elend werden!

Walsingham.
So hindert diese Heirat! sprecht mit ihr!

Mildmay.
Ich, ich sie hindern? Das soll Gott verhüten!
Ich weiß, längst mit dem scharfen Blick der Frau
Hat sie gelesen, tief in meinem Herzen,
Und hat geahnt, was drinnen für sie glüht,
Sollt' sie mich nicht des Eigennutzes zeihen,
Versucht' ich, sie mit Bacon zu entzweien?
Nein, nein! Entscheiden muß ihr eigen Herz,
Und stille tragen muß ich meinen Schmerz!

Zweiter Auftritt.

(Harriet in tiefer Trauer, kommt durch die Galerie, Walsingham macht ihr eine tiefe Verbeugung und geht ab, während Mildmay auf sie zueilt und ihre Hand faßt.)

Mildmay.
Dieselbe stets noch! Ruh'los, bleich, verstört!
O, fasset Muth, Harriet, mein theures Mädchen!
Ist dies das Aussehn' einer frohen Braut,
Vor der die Hoffnung ihre Blüthenpforten
Hell leuchtend aufthut?

Harriet (zusammenschaUernd).
   Einer frohen Braut?
(Sie verhüllt das Gesicht mit den Händen.)

Mildmay.
Was ist es für ein tiefer, heißer Schmerz,
Der Euch in Eure sonnighellen Augen
Die Thränen zaubert, seit dem finst'ren Tage,
Da Robert Essex fiel?

Harriet (mit lauter Stimme).

Durch Francis Bacon!

Mildmay.
                    Harriet!

Harriet.

Ich will und kann jetzt noch nicht reden,
In wenigen Minuten aber wird
Das Schicksal zweier Menschen sich entscheiden.
Ich warte auf den Kronanwalt, der mir
Sein Kommen melden ließ.
                    (Mit plötzlicher Verzweiflung):
                    Sir Walter, o,
Versprecht mir, schwört mir, daß Ihr Eure Freundschaft
Und Euren Schutz mir ferner aufbewahrt!

Mildmay (heftig).

O Harriet, grausam spielet Ihr mit mir!
Ihr wißt ja selbst, daß auf der weiten Erde
Mir nichts so theuer, nichts so heilig ist,
Als Ihr, für deren Glück ich gern mein Alles,
Mein Leben geben wollt. Hätt' das Geschick
So namenlos, so überirdisch Glück
Für mich bestimmt, mein eigen Euch zu nennen,
O Gott, zu wunderbar, zu zauberhaft
Wär' solche Wonne für mein Herz, ich fühl' es.
Es sollte denn nicht sein! Doch zu Euch steh'n
Ein wahrer Freund, ein todtgetreuer Schützer
Soll Walter Mildmay, bis der Tod ihn zwingt,
Sein theures Amt auf Erden zu vollenden!

Harriet.

Ich dank' Euch, Walter. Ach, in dieser Stunde
Fühlt schuldbewußt mein Herz, wie ganz unwürdig
Ich solcher Liebe bin! O, glücklich wär' ich,
Hätt' Gott zu Euch mein irrend Herz gelenkt,
In solchem Port hätt' Frieden ich gefunden.

Mildmay (feurig).

In meiner Brust will dieses Wort ich wahren
In Ewigkeit. O, Eure Liebe wär'
Mir ein Geschenk, zu göttlich, unermeßlich,
Daß ich sie auch im Traum nur fordern dürfte!
Euch dienen wollt' ich nur, wie einst die Ritter
Vor grauen Tagen der Erkor'nen dienten
Mit Gut und Blut. Zu viel der Jahre liegen
Ja zwischen uns, als daß Ihr lieben könntet
Den ersten Mann, in Drang und Noth gereift.
Entgegen fliegt Euch Bacons Herz,
Das feurig schlägt, und das für Euch, ich hoff' es,
Nur Liebe, Sanftmuth, Treue haben wird.

Harriet.

    O schweigt! (Nach einer Pause):
Wär' heut' ich einsam und verlassen
Und Bacon todt, wär't Ihr auch dann zu stolz
Nicht, Harriets liebend, treu Euch anzunehmen?

Mildmay.

Das fragt Ihr mich? O wiegt mich nicht in Träume,
Von denen das Erwachen schmerzlich ist!
Um Euch nur einstmals wirklich mein zu nennen,
Was opferte ich nicht begeistert hin?

Harriet.

Ich höre Schritte, laßt mich jetzt, Sir Walter!
Ich brauche Kraft zu einer schweren Stunde.
Ich bitt' Euch, bleibt in dieses Zimmers Nähe.

Mildmay.

Was sinnt Ihr, Harriet!

Harriet.

    Ich beschwör' Euch, geht.

(Mildmay ab.)

Dritter Auftritt.

(Pause. Harriet sitzend, den Kopf in die Hände vergraben. Durch die Galerie kommt):

Bacon
(in schwarzem Sammt, Hut mit langer, weißer Feder, Degen. Sobald er Harriet sieht, die ihn zuerst nicht bemerkt, eilt er auf sie zu und wirft sich vor ihr nieder, ihre Hand fassend).

Geliebte! Endlich, endlich bist Du mein!
Ein würd'ger Freier steh' ich nun vor Dir,
Der Königin Vertrauter und der Großen
Des Reiches Mitglied bald, und lege Dir
Zu Füßen meine Zukunft, meinen Ruhm,
Ich flehe um ein Wort, ein einzig' nur!
Das mich zum Glücklichsten macht auf der Erde.
Doch wie, Du schweigst? Du bist so stumm, so kalt?
Verfluchen will ich all' mein neues Glück,
Wenn's einen Schatten zwischen uns erhoben,
Auch einen flücht'gen nur.

Harriet
(wendet sich langsam um und sieht ihn fest an).

                        Nicht einen flücht'gen!
Was Du gethan, das hat, ich schwör's bei Gott,
Für heute und für immer uns geschieden.
Ich war Dir treu durch sieben lange Jahre,
Ich liebte Dich mit einer Liebe, wie
Sie selten blühen wird auf dieser Erde.
Ich sage: liebte, denn für immerdar
Ist diese Gluth erloschen mir im Herzen,
Und nichts mehr, keine Macht des Himmels, noch
Der Erde kann mir wieder d'rin entzünden,
Was selbst mit rauhen Händen Du verlöscht.

Bacon.

Bin ich von Sinnen? Hab' ich recht gehört?
Du scherzest, Harriet, komm', Du willst mich schrecken,
Mich zittern machen, bis mein ganzes Glück
Mit sonnenhellem Glanz mich überfluthet.

Harriet (bitter).

Ich scherzen? Sagt Dir nicht mein Trauerkleid,
Daß Lust und Lächeln meine Lippen fliehen,
Denn um zwei Todte, Francis Bacon, wein' ich:
Um einen theuren Bruder und um Dich!
Du starrst mich an, es funkeln Deine Augen
Wie Wahnsinn fast! Ja, wecke sie nur auf,
Die finst'ren Geister, die im falschen Herzen
Dir schlummern, laß sie toben nur vor mir;
Die schöne, die betrügerische Maske,
Die Du getragen, täuschet mich nicht mehr.
Es ist zu Ende zwischen uns für immer!
Der Francis Bacon, der mein Alles war,
Mein Sonnenlicht, mein Leitstern, meines Lebens
Beginn und Ziel, ist fort und kommt nicht wieder.
Der Laster schrecklichste fand ich in Dir:
Verrath und Undank, Neid und Heuchelei.
Zu Deiner blutgetränkten Größe kann
Und darf und will ich niemals mich erheben.
Du hast gewählt, ertrage Dein Geschick.

Bacon

Und diese Worte soll für Ernst ich nehmen?
Dies mein Willkomm, wenn auf dem gold'nen Fittig
Der Liebe, der begeist'rungsvollen Hoffnung
Mein stürmisch Herz Dir heiß entgegenfliegt?
Nein, Harriet, nein, was ich gethan, war menschlich,
Und menschlich mild für mich sei nun auch Du!
(Mit heißer Zärtlichkeit):
Was Du auch sagst, ich will es nimmer glauben,
Daß Harriet so von Bacons Seite weicht.
Du ahnst es selber nicht in dieser Stunde,
Wie sehr Du schon mit mir verkettet bist:
Dein Fühlen nur ein Hauch von meinem Fühlen,
Dein Herz von meinem Herzen nur ein Theil.
Verloren hast Du Deine ganze Jugend,
Verlierst Du mich. Für mich erschuf Dich Gott.
Aus Liebe that ich, was Dich schaudern macht,
Und Liebe muß der Leidenschaft vergeben!

Harriet.

O, daß mir Deine Worte doch wie einst
Im Herzen einen Widerhall erweckten,
O, daß ich wenigstens noch zaudern könnte
Bei Deiner Stimme, einst so theuer mir!
Ich seh' Dich an und kenne Dich nicht mehr,
Du bist ja Bacon und Du bist's doch nicht,
Ich höre Dich und bleibe kalt und hart,
O, jetzt erst fühl' ich, wahnsinnig, verzweifelnd,
Wie tief der Abgrund, der uns scheidet, ist.
Du ahnst es nicht, was Du an mir gethan:
Den heil'gen Glauben hast Du mir genommen
An Menschenhoheit und an Göttlichkeit;
Wollt' ich Dein Weib selbst sein, ich könnt' es nicht!
Denn zwischen mir und Dir erhebt sich gräßlich
Der Schatten jenes Bacon, der einst war,
Und drängt von Dir mich höhnend, herzenmarternd,
Es ist umsonst!

Bacon (furchtbar gereizt).

Harriet, genug des Spieles!
Ich trug es lang und will's nicht länger tragen!
Du baust auf meine Liebe, meine blinde,
Wahnsinnige Leidenschaft. O, hüte Dich!
Harriet, Du weißt, wie sich der Tiger regt
In mir, Du hast es einmal schon gesehen.
Ich läugn' es nicht, ein böser Geist wohl schläft
Im Herzen mir, genährt und auferzogen
Von Burleigh, unsrem theuren, edlen Ohm.
Wagst Du's, von mir zu geh'n? die einz'ge Regung
Der Milde und des göttlichen Gefühles
In meiner Seele grausam zu ersticken,
So sei verflucht! Es sollen auf Dein Haupt
Die dunklen Thaten meiner Zukunft fallen!
Im Namen Derer, die vor mir einst zittern,
Fleh' ich Dich an: Harriet, besinne Dich!
Denn bin ich frei, ein jedes Band gelöst,
Das mich der Menschheit fesselnd noch verbunden,
Dann brechen los, furchtbar und welterschütternd

Die schrecklichen Dämonen meiner Brust.
Stumm hab' ich mit den Zähnen lang geknirscht,
Die Faust geballt, ach, in ohnmächt'gem Grimm
Gen Welt und Schöpfung, Menschheit und Natur,
Dann aber kann ich handeln, denn die Zukunft
Ist mein! Beherrschen kann ich, all' den Groll,
Den Haß, der sich in Jahren angesammelt,
Ausbrechen lassen aus dem heißen Herzen,
Ein Spielball werden kann in meiner Hand
Der Herrscher Wille und der Völker Zukunft.
Was Du an mir gethan, das will ich rächen
Zehntausendfach an Allen, die mir nah'n!
Ist Dein Entschluß derselbe noch?
(Mildmay erscheint im Hintergrunde.)

Harriet.
Derselbe!

Bacon (wie rasend losbrechend).
Ha, Tod und Hölle! Nein! ich sage nein!
O, nun erkenn' ich Dich, Du falsche Schlange!
Du, Du mich lieben? Diesem Southampton,
Jetzt weiß ich's, fließen Deine heißen Thränen,
Ihm gilt Dein Schwanken! Ha, vergebens ist's,
Dank meiner Macht, ist er für Dich verloren!
(Auf sie losgehend):
Es ist zu spät, der Würfel ist gefallen!
Du darfst, Du kannst und sollst nicht mehr zurück!
Für Dich, um Dich hab ich gefehlt, gesündigt,
Gebrochen mit dem heiligsten Gefühl!
Mein mußt Du sein, sollt' ich dem Himmel auch
Abtrotzen Dich mit allen seinen Donnern;
Ich halte Dich mit eherner Gewalt,
Ich zwinge Dich, Dein heilig' Wort zu lösen!

Harriet
(sich zu Mildmay flüchtend, der bestürzt hereineilt).
O Walter, Walter! Schützt mich Ihr vor ihm!

Bacon (zurückwankend).
Was seh' ich? Ha!

Mildmay.
Was geht hier vor, Sir Francis?

Harriet (zu ihm mit großer Leidenschaft).
Sir Walter Mildmay, höret meine Worte!
Mein einzig wahrer, treuer Schützer Ihr!
Verlassen, hilflos steh' ich, eine Waise,
Hier in der Welt, bedrängt von Haß und Groll.
Ich frag' Euch, edler Worte eingedenk,
Die Ihr vor Kurzem erst zu mir gesprochen:
Sir Walter, wollt Ihr mich zur Gattin nehmen?
Wollt Ihr ein treues, ein ergeb'nes Weib,
Das Euch in Liebe dient sein ganzes Leben?

Mildmay.
Harriet, was hör' ich? Gott! und Dieser hier?
(Auf Bacon weisend.)

Harriet.
Ihn liebt' ich einst, Ihr selber wißt es ja,
Er lehrte mich erkennen, ach, wie tief
Der höchste Geist auf Erden sinken könne,
Wie Ruhm und Ehren mit Verlust der Ehre
Man sich erkauft. Todt ist für ihn mein Herz,
Euch frag' ich nur, Euch fleh' ich an, o bringt
Für immerdar mich fort aus diesen Hallen.
Nach Schottland hin, nach meinem Schloß am See,
Daß schützend jenes Landes blaue Berge
Steh'n zwischen mir und der Vergangenheit,
Laßt mich bei Euch, o Walter, wiederfinden,
Was ich verlor, und macht die Purpurrosen
Der Hoffnung strahlend wieder mir erblüh'n.
Wollt Ihr es wagen?

Mildmay (mit großer Leidenschaft).
           Ob ich's will, Harriet!
(Zieht sich mit ihr in den Hintergrund zurück.)

Bacon (vorwärts wankend).
Mir schwindelt! Unter meinen Füßen wankt
Der Boden. Guter Gott, ist das das Ende?

Letzte Scene.

(Durch die Galerie kommt Coke in Hoftracht, hinter ihm Pagen, die ein Kissen tragen. Hofleute. Die Vorigen.)

Coke
(zu Bacon mit einer tiefen Verbeugung, kalt und kurz ihm ein Pergament reichend):

Von Ihrer Majestät der Königin,
An ihrer Krone ehrenwerthen Anwalt
Sir Francis Bacon, der in letzter Zeit
Der Dienste wichtigsten ihr treu geleistet,
Daher ernennt Euch Ihre Majestät
Zum Kanzler dieses Reich's an Burleighs Stelle.
Das große Siegel, Euch vertraut sie's an,
Auch nennt von heut' Euch Graf sie von St. Alban.
Die Schenkung hier gesiegelt und verbrieft
Des Gutes, das an diesem Titel hängt.
Noch heut' geruht sie vor dem Hofe Euch
In Eurer Würde festlich zu empfangen.

(Verbeugt sich und wendet sich nach dem Hintergrunde, wo alle Uebrigen eine Gruppe bilden.)

Bacon
(blickt mit verzerrtem Hasse auf Harriet und Mildmay, die im Kreise der Hofleute stehen, sein Blick sinkt langsam von ihnen auf das Blatt in seinen Händen herab, er faßt es, zusammenschaudernd, fest an; voreilend, mit ausbrechender Leidenschaft):

Sei's denn! Das Schicksal führt mich selbst zur Macht,
Die guten Geister stoßen mich zurück,
Versagt ist mir des Lebens Lust und Glück,
So wandl' ich denn im finst'ren Reich der Nacht.
Brich los, brich los, unmäß'ge Leidenschaft!
Erwacht, ihr schwarzen, lauernden Dämonen!
Als Sieger sollt ihr mir im Herzen thronen,
Euch weih' ich meine Zukunft, meine Kraft!
Im Staub vor mir soll bald die Menschheit beben,
Todt ist mein Herz, mein Geist soll ewig leben!

(Der Vorhang fällt.)

Ende.

Druckerei „Leykam", Graz.